Gottfried Keller

Ricarda Huch

Alpha Editions

This edition published in 2022

ISBN : 9789356711617

Design and Setting By
Alpha Editions
www.alphaedis.com
Email - info@alphaedis.com

Gottfried Keller

von

Ricarda Huch

Das von großen Mächten Deutschland, Österreich, Frankreich und Italien wie ein Edelstein eingefaßte Land Schweiz, zwischen unzugänglich hohe und mittlere Gebirge gelagert, die die Quellen starker Ströme bergen, wird von einem Volke bewohnt, das wie kein anderes mit dem Boden, aus dem es gewachsen ist, zusammenhängt und Herr in dem Hause ist, das es sich unter Kämpfen selbst gebaut hat. Von Fremden beneidet oder gehaßt, ist es seiner teils natürlichen teils absichtlichen Zurückhaltung wegen wenig von ihnen gekannt und hat sich bis jetzt, obwohl beständig von Ausländern heimgesucht und selbst zum Zwecke des Erwerbs und der Ausbildung viel im Auslande sich aufhaltend, in seiner ausdrucksvollen Besonderheit erhalten.

Die Schweizer sind ein durchaus aristokratisches und konservatives Volk: vor allen Dingen die eigentlichen Aristokraten, Nachkommen der regierenden Geschlechter, aristokratischer als irgendwo, weil zugleich mit dem Bewußtsein der Überlegenheit durchdrungen und beseelt von dem Gefühl der Verpflichtung, den Tieferstehenden als Muster zu dienen; aber ebensowohl die bürgerlichen Städter, deren Ahnen seit undenklicher Zeit jeder an seinem Teil an den allgemeinen und persönlichen Geschäften mitwirkten und eine wohlerworbene Stelle in der scharfen Freiheit des Gemeinwesens ausfüllten, wie schließlich die Landbewohner, die es überall sind, die allerdings in den städtischen Kantonen durch ihre vergleichsweise rechtlose, untergeordnete Lage auf die demokratische Linke gedrängt wurden.

Die Tugenden der Ausdauer, des Rechtsgefühls, der Sachlichkeit und der Selbstbeherrschung, die ihnen allein das Kleinod der Freiheit bewahrten in den Zeiten, wo es die Völker ringsumher sich entwenden oder entreißen ließen, haben sich immer mehr befestigt, so daß der Ausländer mit Staunen sehen kann, wie ein ganzes Volk trotz aller Abweichungen im einzelnen, mit Vernunft und Besonnenheit handelt, den eigenen Vorteil, wie es sich gehört, im Auge behält, ohne unbillig gegen andre zu sein, mit sich selbst zufrieden, wie es die Art der Gesunden und Guten ist, doch geneigt von andern zu lernen. Elend und Verbrechen trüben das schöne Bild nicht so, wie es in anderen Ländern der Fall ist, weil die Beherrschung der Leidenschaften, die freilich in dem harten Lande auch nicht so hitzig sind wie anderswo, einen leidlichen allgemeinen Wohlstand ermöglicht. So geschieht es, daß der Schweizer häufig von Ausländern wegen seiner Ungeschliffenheit verlacht wird, während er doch mehr Kultur hat als jene, insofern als er durch Jahrhunderte sich nach einem bestimmten Ideale gebildet hat und nun im Besitze nicht blendender, aber humaner und erhaltender Eigenschaften ist.

Was nun die Nüchternheit betrifft, die dem Schweizer oft vorgeworfen wird, so ist diese allerdings vorhanden; aber man ist im Irrtum, wenn man glaubt, deswegen könne die Schweiz keine Künstler hervorbringen. Die Trockenheit des Schweizers ist die des kindlich oder bäuerlich verschlossenen Menschen, in dessen Innern die Phantasie oft um so kräftiger glüht, weil sie nicht beständig nach außen verschwendet wird. Besonders aber sollte man endlich wissen, was die Romantiker unter vielen Schmerzen an sich selbst erfuhren, daß künstlerisches Empfinden, Reizbarkeit und die Sehnsucht nach dem Schönen keineswegs den schaffenden Künstler machen, daß vielmehr, wie E. T. A. Hoffmann sagte, dem künstlerischen Feuer eine gute Dosis Phlegma beigemischt sein müsse, damit es nicht den Menschen verzehre, anstatt ihm in seiner heiligen Werkstatt zu dienen. Indem das Phlegma gegen den Einfluß fremder und eigener Reize festmacht, verleiht es dem, der es im rechten Maße besitzt, eine gewisse Überlegenheit, die sich beim Schweizer bescheidentlich als Humor äußert und ihn seine Eigenart unbefangen genießen läßt.

Dem Satze vom Künstlerfeuer und Phlegma, dessen negative Seite die Romantiker illustrieren, kann niemand so gut als positives Beispiel dienen wie Gottfried Keller. Er war in seiner Natur durch und durch Schweizer, wenn ihm auch die berüchtigte Schweizer Gewinnsucht und Geldliebe völlig abging, die er selbst oft bitter an seinen Landsleuten rügte. Seine Eltern stellten Gegensätze dar, wie sie bei den meisten Dichtereltern umgekehrt verteilt sind, wo die Mutter gegenüber dem strengen, charaktervollen Vater ein poetisch-religiöses Gefühlselement zu vertreten pflegt; womit aber nicht gesagt sein soll, daß es Kellers Vater an Ernst und Charakterstärke oder seiner Mutter an Empfindung gefehlt hätte. Der Drechslermeister Hans Rudolf Keller aus Glattfelden, 1791 geboren und schon 1822 dreiunddreißigjährig gestorben, und Elisabeth Scheuchzer, ebendaher, 1787-1864, also vier Jahre älter als ihr Mann und ihn um zweiundvierzig Jahre überlebend, waren beide tüchtige und rechtliche Menschen, er schwungvoll, das Neue, Poetische, über den Alltag Hinausgehende suchend, sie fleißig, ausdauernd, pflichtbewußt, nach außen trocken, mit einem sehr guten, gesunden Verstande und einer Neigung zu gutmütiger Ironie begabt. Für die liebenswürdige Erscheinung des frühverstorbenen Vaters bewahrte Keller lebenslang wehmütige Verehrung und vergaß das Erinnerungsbild nie, wie der schlanke junge Mann im grünen Anzug ihn, ein kleines Bübchen, unter schönen Reden über erhabene Dinge durch ein blühendes Kartoffelfeld trug.

Mit der Mutter war er zusammengewachsen, und indem er sich als ein Stück von ihr fühlte, kam es ihm selbstverständlich vor, daß sie alle seine Leiden mit Leib und Seele mitleiden müsse, gerade so wie er sich im alten Grünen Heinrich ihr nachsterben läßt, als ob es nicht anders sein könne. Was uns oft wie unbegreifliche Grausamkeit erscheinen will, sein langes Fernbleiben und mehr noch sein langes, einmal jahrelanges Schweigen war in der Tat nur die allerinnigste Liebe, wie sie die beiden strengen Herzen fühlten. Die stille Heldenhaftigkeit der kleinen alten Frau, deren überschwengliche Liebe in den starren Kreis des unbeugsamen Pflichtbewußtseins gebannt erscheint, gibt seiner Kindheit und Jugend einen altertümlichen Hintergrund, wozu der alte Zürcher Stadtteil, in dem er aufwuchs, das enge Haus mit dem Fernblick auf die weißen Berge, die er vom Gewölk nicht unterschied, wohl stimmte.

Der kleine Gottfried war ein Bursche, wie es wohl manch einen in Zürich gibt: schweigsam und trotzig bei innerlicher Regsamkeit und Zärtlichkeit, lernbegierig trotz träumerischer Faulheit, zugleich ehrlich und listig, trocken und phantastisch, fest in seiner krausen Eigenart steckend. Über dieser drolligen Mischung herrschte ein mächtiger Intellekt, der sich langsam der Erscheinungen bemächtigte, die ihn umgaben, um schließlich die Welt zu umfassen. Gab es einen Riß in Gottfried Kellers Wesen, so bestand er in diesem Übermaß des Intellektes, dem ein gleich starker, auf das tätige Leben gerichteter Wille nicht entsprach, was sich in seinem Äußeren ausprägte durch das große Haupt mit der herrlichen Stirn und den schönen Augen auf dem kleinen kurzbeinigen Körper. Eine prächtige Blume und schwere Frucht an hohem, starkem Stamme würde uns als eine vollendete Naturerscheinung entzückt haben; nun, kurz und knorrig gestielt ist die Pflanze wohl etwas sonderlich ausgefallen, was aber eben Kellers Persönlichkeit ausmacht, die solche, die ihn lieben und verehren, sich nicht anders wünschen möchten.

Seine Jugendgeschichte hat Keller im Grünen Heinrich treu erzählt, nur daß die Gestalt der Judith seiner eigenen Angabe nach erdichtet ist; sie nimmt sich fast aus wie seine Muse, obwohl er gewiß nicht daran gedacht hat, ein Symbol zu schaffen. Da schildert er die Ratlosigkeit des armen Jungen, der niemand hatte, um die Triebe seiner reichen Begabung zu pflegen und zu leiten, und die reine Glückseligkeit, die das Bewußtsein guten Eltern anzugehören, eine heilsame Ordnung, das Umgebensein von einer heiteren, schönen Natur und dazu eine stets wirksame Phantasie und betrachtende Vernunft verleihen. Nichts trübte das seiner Entfaltung frohe Dasein als die eintönige Enge der Armut und die Sorge, wie der Kampf ums Dasein auszufechten sein würde; denn die schwellende Frucht des Intellekts zog alle Lebenssäfte an sich und machte den Begabten ohnmächtig gegenüber Anforderungen, die weniger Ausgezeichnete ohne weiteres erledigen. Daß er darauf verfiel, Maler werden zu wollen, war ein Ausweg, den sein Genius ihm schuf: die Richtung zur Kunst war damit eingeschlagen, der Umgang mit der

Natur ihm gesichert, und auf seine Seele konnte nicht von einem praktischen Berufe Beschlag gelegt werden. Es kann wohl nicht bezweifelt werden, daß Keller ein leidlich guter Maler hätte werden können, mit Fug aber, daß er etwas wahrhaft Originelles und zugleich Meisterhaftes geschaffen hätte. Ihm fehlte nicht nur die angeborne Lust zu der handwerklichen Betätigung, die mit der Malerei verbunden ist, sondern auch das Erfassen des malerisch Wesentlichen und das farbige und figürliche Verdichten der Natur, welche Gabe ihm in bezug auf das Dichterische ganz besonders eigen war. Überhaupt mußte ihn die dichterische Veranlagung überall stören; denn in ihrem Sinne war es damals sein Beruf, sich mit Bildern des Lebens und Anschauungen des Geistes vollzusaugen, was er denn auch tat und weswegen er mehr und mehr dazu kam, das Malen als eine Ablenkung vom Wichtigsten und Liebsten zu empfinden. Allerdings stellte sich ihm und andern das, was er tat, als Bummeln und zielloses Zeitverschleudern dar, ein Zustand, der bei der Armut und Verschuldung, in die er geriet, sein Gemüt schwer bedrückte. Auch erschien aus seiner Wanderung nach Hause kein vorurteilsloser, menschlich fühlender Graf, wie im Grünen Heinrich, der ihm die leeren Taschen mit Gold gefüllt hätte, sondern arm und aussichtslos kehrte er im Herbst 1842 nach zweieinhalbjähriger Abwesenheit heim; dafür aber fand er die Mutter auf ihrem alten Sorgenstühlchen ohne Lehnen »aufrecht wie ein Tännlein« wieder, und er konnte das wunderliche Irren und Graben nach dem Geheimnis des eigenen Ich fortsetzen.

Zunächst wurde unter dem Dache der Mutter noch ein Atelier eingerichtet, weniger um zu malen, als im Schatten der Staffelei zu lesen; vor allen Dingen aber wurde weiter gebummelt, bis auf einmal aus dem stillen, chaotischen Wühlen seines Inneren lautlos die schimmernden Träume aufstiegen und eine ungeduldige Schar gluthellen Lieder. Keller hatte wie unzählige andere Knaben in der Kindheit Schauerdramen erfunden, in München witzige Bierzeitungen verfaßt und auch sonst wohl manches niedergeschrieben, nie aber mit dem Gedanken ein Dichter zu sein oder zu werden; ungerufen trat die schaffende Phantasie über die Schwelle und sagte: ich bin da. Vom Anfang an zeigte die Muse Kellers ihr Doppelwesen: die Lieder entstanden aus patriotisch-politischer Erregung, während die Träume, wirklich geträumte, doch von Meisterhand weich und bestimmt umrissen, ein absichtsloses Spiel selbstgenügsamer Schönheit sind. Der Traum von den zwei Mädchen, die ihn im Mondschein in ein hohes Haus führen, freundlich bewirten und ihn liebkosen, atmet bereits den unnachahmlich starken, süßen, doch erfrischenden Duft seiner besten Prosadichtungen aus; und das Ende des Vorfrühlingstraumes mit der Gestalt der mächtigen silbergrauen Weide, die, ein Bild tiefster Zerknirschung, wie rasend mit den Ästen um sich schlägt und in herzzerreißenden Tönen braust und singt, trägt klar den Stempel des vollendeten Dichters. – Das ist allerdings erst im Jahre 1848 geschrieben.

Die Revolutionsluft des Völkerfrühlings der vierziger Jahre, in Zürich doppelt spürbar, weil die Flüchtlinge aus anderen Ländern, namentlich aus Deutschland, ihre eigenen Angelegenheiten als einen großen, allgemeinen Hintergrund zu den einheimischen hinzutrugen, erzeugte die ersten Gedichte, von denen Keller eine beträchtliche Anzahl in die spätere Sammlung seiner Gedichte nicht mit aufnahm. »Dennoch«, sagte er gelegentlich, »beklage ich heute noch nicht, daß der Ruf der lebendigen Zeit es war, der mich weckte und meine Lebensrichtung entschied«; und in der Tat ist es wesentlich, daß Keller mit ganzem Herzen Bürger in einem irdischen Staate wie im Reiche der Schönheit, daß der »spielende Träumer« auch ein politisches Geschöpf war. Neben Gedichten, deren Wert mehr im Gegenstand und ehrlichen Feuer als in der poetischen Form lag, waren unter den ersten auch allerschönste, so der 1844 entstandene Schweizerhymnus »O mein Heimatland« und das 1845 entstandene »Bei einer Kindesleiche«, die, außer daß sie durch Inbrunst, Fülle und Tiefe hinreißen müssen, auch einen ganz eigenen, einzigen Ton haben. Der Humorist zeigt sich in dem Scherzgedicht an Caroline Schulz, die verehrte Frau des Freundes Wilhelm Schulz, eines seit 1836 in Zürich ansässigen hessischen Flüchtlings, »als sie in den Jahrbüchern der Gegenwart eine etwas übertrieben lobende Rezension über meine ersten Gedichte ergoß:«

Wenn aus dunkeln Tannenbüschen
Kritisch lungerndes Gesindel,
Schäbig feige Wegelagrer,
Die in ihres Bettelsackes
Bodenlosen schwarzen Gründen
Nichts als schlechte Kupfermünze,
Krumen, dürre Käserinde
Und dergleichen mit sich führen,
Auf den wandernden Poeten,
Der da harmlos geht und singt,
Ihre schlechten Witze senden,
Ihres Neides stumpfe Pfeile:
O, dann nimmt er von der Straße
Nur den ersten besten Stein,
Werfend ihn nach dem Gesträuche;
Und das feige Pack verkriecht sich,
Schneuzt und reibt die wunde Nase,
Froh, daß man es nicht erkannt.

Aber wenn der gute Dichter
Nächtlich durch die Straßen wandelt
Träumerisch im Mondenlicht,

Und von blumigem Balkone
Hinter Ros- und Myrtenstöcken
Oder gar aus kleinem Fenster
Mit romant'schen Efeuranken
Lauschende verborgne Frauen
Überschwenglich ihres Lobes
Eine ganze Sündflut gießen
Auf den Dichterling herab:
Rosenöl und kölnisch Wasser,
Mandelmilch und Limonade
Und dergleichen süßes Zeug –
Ach, dann bleibt ihm gar nichts übrig,
Als den nassen Kopf zu schütteln,
Dumm verblüfft empor zu schauen,Rufend: »
O, ich bitte sehr!«

(18. Juli 1845.)

Mit Lesen, Dichten, Nichtstun, Politik, Freundschaft und einer unglücklichen Liebe zu Louise Rieter, der Winterthurerin, hatte Keller sechs Jahre, von 1842-1848, in Zürich verbracht, ohne auch nur die Aussicht auf irgendeine bürgerliche Lebensstellung, oder irgendeiner ihm gemäßen, einigermaßen geregelten und ertragsfähigen Tätigkeit auf einen Schritt näher gekommen zu sein, als ihm auf das Drängen mehrerer, ihm wohlgesinnter Professoren die Regierung und der Erziehungsrat des Kantons Zürich ein Stipendium von 800 Franken zum Zweck weiterer wissenschaftlicher Ausbildung im Auslande anboten, was er ohne Besinnen annahm. Er wählte als Reiseziel nicht den Orient, wie ihm von einer Seite vorgeschlagen wurde, sondern Deutschland, »wo Tüchtigkeit, Kraft und Licht ist«; denn es war ihm nicht um Eindrücke und Stimmungen zu tun, sondern, da das Bewußtsein ungenügender Bildung ihn fortwährend drückte, um den Erwerb gründlicher Kenntnisse, Erziehung im Verkehr mit der menschlichen Gesellschaft und allmähliches Erweitern seines natürlichen Gesichtskreises. Zuerst ging er nach Heidelberg, wo er wohl nach Romantiker Weise schwärmte, aber auch tüchtig lernte und liebte. Er hörte bei Henle Anthropologie, bei Hettner Philosophie und Literaturgeschichte, bei Häusser Geschichte und die Vorlesungen von Ludwig Feuerbach über das Wesen der Religion. Wie mächtig der Zuwachs an Wissen ihn bewegte, erfährt man am besten aus dem Grünen Heinrich, da Keller dort die Episode des Heidelberger Studiums in die Münchner Zeit verlegt hat. Für ihn war der Erwerb von Kenntnissen ebensosehr Bedürfnis und Genuß, wie für den gesunden Menschen die Nahrungsaufnahme ist; sein religiös-philosophischer Trieb nötigte ihn, innerlich beständig an einem Weltbilde zu arbeiten, und was er über das Wesen der Erscheinungen erfuhr, reihte er sogleich seinem allgemeinen

Vorstellungskreise ein oder veränderte ihn demgemäß, damit die Grundlage seines Daseinsgefühls befestigend.

Eine neue Liebe ging Keller auf zu der Tochter des Philosophen Kapp, Johanna, einem stattlichen, edelgearteten, begabten Mädchen, die selbst eine verhängnisvolle Leidenschaft zu verbergen hatte. Auf die mit ihr zwischen den Heidelberger Hügeln verlebten Tage bezieht sich das Gedicht:

Schöne Brücke, hast mich oft getragen,
Wenn mein Herz erwartungsvoll geschlagen
Und mit dir den Strom ich überschritt.
Und mich dünkte, deine stolzen Bogen
Sind in kühnerm Schwunge mitgezogen,
Und sie fühlten meine Freude mit!

Johanna verließ Heidelberg noch vor Keller, um in München die Malerei zu studieren; sie verfiel später in unheilbaren Irrsinn und starb im Jahre 1882.

Nietzsche hat die Bemerkung gemacht, daß ein jeder Charakter sein typisches Schicksal habe: Keller verliebte sich mehrere Male in große, schöne, willenskräftige, begabte Mädchen, die seine Gefühle mit herzlicher Freundschaft, aber nicht mit Gegenliebe erwiderten; zweimal verwendete er Jahre auf das Studium eines Berufes, der nicht der rechte war, während er das, wozu er wie wenig andere berufen war, verkannte oder doch hintansetzte – so wollte er in München Maler, in Berlin, wohin er im Frühling 1850 ging, dramatischer Dichter werden. Er wählte demgemäß seine Lektüre und zum Teil seinen Umgang und bildete sich durch häufiges Lesen und Anschauen von Dramen eine gute Theorie, im Anschluß an welche er eine Anzahl von Entwürfen, die er sich ausdachte, mit der Zeit auszuführen beabsichtigte. Unter denen, die vorhanden sind, leuchten manche als wirkungsvolle Theaterstoffe ein, so ein etwas possenhafter Lustspielplan, in dem zwei politische Heißsporne entgegengesetzter Richtung sich gegenseitig zum Tode verurteilen, wobei sie aber nur das Werkzeug von ein paar geschickten Spaßvögeln sind, bald von Gewissensqualen verzehrt werden, um sich am Schlusse leibhaftig zu begegnen; was man sich als ein drastisches Werk saftigen Kellerschen Humors ausgezeichnet vorstellen kann. Indessen, wenn man auch glauben darf, daß ein geistvoller Dichter wie Keller auch etwas Dramatisches ordentlich zustande gebracht hätte, so ist es doch sicher, daß seine starke epische und lyrische Begabung selbst ihn als Dramatiker behindert hätten. Dem ruhevollen Schilderer menschlicher Zustände und schöner Dinge wäre es schwer gefallen, auf der Bühne vorwärtszustürmen, das tiefste, weiseste ungesagt und den wonnigen Kleinkram des Lebens beiseite lassend, und hätte er es der Theaterwirkung zuliebe getan, müßten wir es schließlich nur bedauern. In des Dichters eigener Denkweise dürfen wir wohl glauben, daß, wenn er ein großer Theaterdichter hätte sein können, es ihm auch beschieden gewesen wäre, seine Pläne zu vollenden. Daß übrigens Keller so lange und so fest darauf beharrte, zum Dramatiker berufen zu sein, liegt vielleicht an der Lebendigkeit, mit der er seine Dichtungen schaute, so daß seine Gestalten wie auf einer Bühne vor seinen inneren Augen auf- und abtraten, ihren Satz sagten und ihre Mienen und Gebärden dazu machten und sich so zuerst gewissermaßen dramatisch abspielte, was er seinem Genius gemäß erzählen mußte.

Inzwischen arbeitete er gequält und verdrossen am Grünen Heinrich, teils des Gelderwerbs wegen, teils um eine vergangene Lebensperiode, die er überlebt hatte, wie eine sich lösende Haut endgültig abzustreifen. Der Plan zum Grünen Heinrich hatte sich ihm zuerst im Jahre 1846 dargestellt als eine elegische Geschichte, die seine Hoffnungen und Irrungen im Hinblick auf seinen vermeintlichen Malerberuf schildern und mit dem Tode des Gescheiterten enden sollte, der das teure Leben der Mutter einem für seine Schwachheit zu hoch gestellten Ideale geopfert hat. Der Umstand, daß die Idee des Buches Biographie war, aber mit dem Untergang und Tode des Helden schließen sollte, der in Wahrheit lebte und im Grunde von jeher wußte, daß er trotz alledem sich aufwärts bewegte, die Grundstimmung des Buches also eine dem vorbildlichen Leben verschiedene zu sein hatte, bedingte einen Zwiespalt, der dem Verfasser die Arbeit unerträglich erschwerte, um so mehr als er damals die überlegene Beherrschung des Stoffes, die ihn später auszeichnete, noch nicht besaß. Wäre er dabei geblieben, mit dem Münchner Aufenthalte abzuschließen, hätte er es verhältnismäßig leicht gehabt; allein der Trieb, sich alles Erlebte bildlich zu machen, veranlaßte ihn, den Inhalt des Heidelberger und Berliner Aufenthaltes, also das Gegenwärtige, mit in den Roman aufzunehmen, wodurch, da die fast erreichte Reise der letzten Periode mit der Absicht des ursprünglichen Planes nicht zusammenpaßte und überhaupt die Ferne zu einem Überblick nicht da war, das Mißverhältnis noch vergrößert wurde.

Der Braunschweiger Verleger Vieweg, ein feiner, verständnisvoller Mann, führte einen tragikomischen Kampf mit dem trotzigen Autor um sein Erstlingswerk, das er ihm Stück für Stück entreißen mußte, und ging in seiner Gutwilligkeit so weit, ihn zu sich nach Braunschweig einzuladen, damit er sein Buch dort ungestört vollenden könne. Keller wußte ihm keinen Dank, brummte vielmehr über den Zwang, der ihm angetan wurde, und schob darauf die Schuld an der ungleichen Ausführung der letzten Teile und des Schlusses, den er »buchstäblich unter Tränen schmierte«.

Das hohe Honorar, das Keller für den Grünen Heinrich erhielt, und eine nochmalige Unterstützung von seiten seiner Regierung konnte doch, wie es sich von selbst versteht, die Kosten des fünfjährigen Berliner Aufenthalts nicht bestreiten, und Keller mußte wie in München sparen, darben, Schulden machen. Die bitterlichen Leiden und Demütigungen der Armut hat er Tropfen für Tropfen gekostet, nicht nur in der ersten Jugend, wo eine gewisse äußere Beschränkung die innere Genußkraft etwa noch steigern kann, sondern in den dreißiger Jahren, wo der bewußte Wille der natürlichen Elastizität mühsam nachhelfen muß, und wo dürftiges Leben und Erscheinen an einem, der im Kreise der Gebildeten und Wohlhabenden verkehrt, Aufsehen, wo nicht Anstoß erregt. An einem traurigen Tage hatte er nichts mehr als ein Zehnpfennigstück, mit dem er sich ein Brot kaufen wollte; als er aber im Bäckerladen war und bezahlen wollte, wies die Verkäuferin seinen Groschen zurück, weil er ungültig sei, worauf er den Tag ohne etwas zu essen verbrachte und am folgenden sich entschloß, zu borgen. Unter dem Drucke des Bewußtseins, arm und verschuldet zu sein, verkroch er sich so gut es anging und lebte ein einsames und schweigsames Sonderlingsleben, das ihn selbst doch nicht befriedigte; damals machte er wohl die Erfahrung, die er dem Grafen im Grünen Heinrich in den Mund legte: man müsse durchaus danach streben, Geld zu haben, nur dann brauche man nicht daran zu denken, und sei wirklich frei. »Wenn es nicht geht, so kann man allerdings auch sonst ein rechter Mann sein; aber man muß alsdann einen absonderlichen und beschränkten Charakter annehmen, was der wahren Freiheit auch widerspricht.« Das ist eine Bemerkung, die den unerbittlich wahren, stets mit der Wirklichkeit als mit einer unanfechtbaren Größe rechnenden, hoch über sich und seinen persönlichen Leiden stehenden Geist schlagend offenbart.

Mit der Zeit erschien Keller doch, um seinem Sichgehenlassen und schweigendem Erstarren entgegenzuarbeiten, in der Gesellschaft, besonders in dem Kreise, den Varnhagen und seine Nichte Ludmilla Assing um sich versammelten, und in dem des Verlegers Franz Duncker und seiner Frau Lina; aber, wie man sich denken kann, sagte das geistreich ästhetisierende Berliner Wesen seinem auf das einfach Schöne und Wahre und auf ungebundene Daseinslust gerichteten Sinne nicht zu. Er seinerseits, der in größerer Gesellschaft meistens schwieg, tat es jedenfalls in ausdrucksvoller Weise und machte trotzdem überall einen bedeutenden Eindruck; wie ja das Gewicht einer Persönlichkeit, sie braucht bloß zu erscheinen, gespürt wird. Im Dunckerschen Hause lernte Keller ein schönes, großes Mädchen kennen, die ihn anfänglich in Berlin festhielt und schließlich daraus vertrieb; denn er wurde noch einmal von einer »ungefügen Leidenschaft« befallen, die, wie es scheint, durch ein mehr oder weniger unschuldiges Kokettieren von seiten der Geliebten unerträglich gesteigert wurde. Der Dichter hat ihr nicht nur im Grünen Heinrich als Dortchen Schönfund ein Denkbild gesetzt, sondern auch in der Novelle von Pankraz dem Schmoller als Lydia, so daß wir sie vom Standpunkt des Liebenden aus in ihrem Liebreiz, und von dem des Grollenden mit ihren gefährlichen Verführungskünsten kennen lernen. In dieser Zeit entstand das durch seinen süßen Ton ausgezeichnete Gedicht:

Weise nicht von dir mein schlichtes Herz,
Weil es schon so viel geliebet.
Einer Geige gleicht es, die geübet
Lang ein Meister unter Lust und Schmerz.

Aus den grausamen Fängen dieser Leidenschaft rettete er sich endlich an das unwandelbare Herz der Mutter, und die oft erträumte Heimkehr wurde endlich im Dezember 1855 nach siebenjähriger Abwesenheit ausgeführt.

Nichts weniger als reich und nur in einem kleinen Kreise von Kennern berühmt, aber als ein bewußt lebender und schaffender Mann kehrte der suchende Träumer zurück; den Schatz, auf den es ankommt, hatte er also doch gehoben. Welche Rolle bei Keller das bewußte Geistesleben spielte, verdient nachdrücklich betont zu werden in einer Zeit, wo viele glauben, das Höchste in der Kunst vermöge nicht des Menschen bewußter Geist, sondern es gehe aus einer ihm selbst nicht ganz durchdringlichen Dämmerung seines Innern hervor, und durch Bildung, also Aufhellen des Bewußtseins, laufe man Gefahr, die im Dunkel hausende Genialität zu verscheuchen. Keller hatte von früh auf den Trieb, sich über sich und die Welt klar zu werden, der mit der Zeit zur festen Einsicht wurde, daß erst im Lichte des Bewußtseins das Schwankende sich gestaltet, das Zufällige notwendig wird. Von dem alten Schlachtendichter Scherenberg, mit dem er in Berlin verkehrte, sagt er, er sei »ein Genie, aber ein alter, unwissender Hanswurst, der den Mangel an Selbstbeaufsichtigungs- und Bildungsfähigkeit durch allerhand Charlatanerie zu verdecken sucht.« Nicht minder hart urteilt er über die »Gedankenlosigkeit und Faulheit« seiner Jugend und die Erzeugnisse der »unwissenden Lümmelzeit«. Der Grüne Heinrich in seiner ersten Form und die erste von den Seldwyler Novellen, Pankraz der Schmoller, sind noch mehr Schöpfungen eines genialen Dranges als eines göttlichen Geistes, der, wenn er es Licht werden läßt, schon jedes Teilchen der Welt kennt, die darin spielen soll. Merkt man diesen Werken auch an, daß sie von einem denkenden Dichter sind, so ist doch nicht zu verkennen, daß er seinen Stoff nicht durchaus in der Hand hat, sondern zuweilen von ihm geführt wird, wohin er nicht eigentlich wollte. Was er danach schrieb, ist von einem, der sich für jedes Wort und die Stelle, an der es steht, verantwortlich weiß und darüber Rechenschaft ablegen kann. Der klarste Verstand hantiert mit den Ausgeburten der unbändigsten Phantasie, und die bacchantischen Gebilde, die aus den Schluchten des Unbewußten auftauchen, nimmt ein feingeschliffenes Spiegelglas mit reinem Umriß auf.

Es ist der Mangel an Verstand und der Mangel an Gefühlskälte und Gefühlsferne, der die meisten Dichter von dem Preise, nach dem sie ringen, ausschließt. Kellers ungemeiner Verstand bewahrte ihn vor Geschmacklosigkeiten und Banalitäten, deren Nachbarschaft jede noch so blühende poetische Schönheit vollständig entwertet, doch macht er sich niemals positiv bemerkbar; der Dichter erscheint in seinen Werken nur schaffend, gestaltend, bejahend, niemand denkt an den schneidigen Mitarbeiter, der mit ruhiger Selbstverständlichkeit, daher unauffällig, im Hintergrunde steht. Er hatte die Nüchternheit, die Hölderlin heilig nennt, im Augenblick, wo er die andern berauschte. Überwältigte ihn auch wohl einmal beim Schreiben das Gefühl bis zu Tränen, so dachte er doch im ganzen, wenn er arbeitete, nur an die Gestaltung des Stoffes nach einem bestimmten Kunstideal: »Denn ich bin ein Auktor,« schrieb er einmal, »bei dem es sich außer dem Honorar auch noch um eine gesetzmäßige, ordentliche Entwicklung handelt, wo das letzte Opus immer das beste und ein Fortschritt erkenntlich sein soll.« Die Stürme, Tränen und Ängste waren abgetan zur Zeit der künstlerischen Verarbeitung, und das Gefühlsmäßige in seinen Stoffen konnte die harte Hand des Schaffenden nicht mehr erweichen. Diese Kälte des Menschen, die die wahre Glut des Künstlers ist, erschwert vielen Lesern den Genuß seiner Werke, da weitaus die meisten Menschen, nicht nur die Frauen, nur durch das Gefühl, ja nur durch Sentimentalität berührbar sind. Selbst ein feiner Dichter und Künstler wie Storm konnte Keller in seine dünne Höhenluft, bis zu der scheinbaren Grausamkeit, die das angenehme Verweilen auf jedem wonnigen Plätzchen verschmäht, nicht immer ganz folgen.

Es soll nun selbstverständlich nicht gesagt sein, Verstand und Absicht für sich allein wären imstande, ein Kunstwerk hervorzubringen, und am allerwenigsten, das wäre Kellers Fall gewesen; aber wie es aus dem Unbewußten vom Bewußtsein erzeugt werden soll, das läßt sich an seinem Muster studieren. Er trägt sein Geschöpf wie eine Mutter ihr Kind ohne Ungeduld, ohne sein Traumweben zu stören, speist es mit allen Zuflüssen, die sein Geist mit oder ohne Willen aufnimmt, ja manchmal verpaßt er sogar die Stunde, wo es lebendig ans Licht hätte kommen können. Es wurzelt mit ihm in dunkler Erde und treibt mit ihm die Krone ins grüne Licht. Nichts war Keller mehr zuwider als das ohnmächtige Betasten und Zerfasern des Gegenstandes, das »Grübeln über die Mache«, das er an Grillparzer und Otto Ludwig tadelt, da doch das einzig richtige sei, unbefangen etwas zu machen; wobei er als selbstverständlich voraussetzt, daß das Wissen, wie etwas zu machen sei, vom Künstler bereits erworben und ihm Natur geworden sei. Ähnlich wie wir beim tierischen Körper nicht die im Innern des Organismus verlaufenden Funktionen, nur seine fertige Gestaltung wahrnehmen, so will der Künstler, daß wir nur den hellen Gedanken und das sprechende Bild, nicht den trüben Weg, der vom Gefühl dahin führte, sehen; Keller wenigstens empfand das Entblößen von etwas Innerem, das zudringliche Aufwühlen von dem, was die Natur zu verhüllen pflegt, ja schon das Spintisieren und weitgehende Zerlegen der Erscheinungen durch den Verstand als eine Verletzung der Unschuld und Bescheidenheit, weswegen er eine impulsive Abneigung gegen die Briefwechsel der Rahel Varnhagen nicht unterdrücken konnte.

Beim Anblick eines Schwanes, der, auf einem Waldsee ziehend, bald den Hals in die Flut taucht, bald ihn wieder hebt und lauscht, mußte Keller an seine eigene Seele denken, die, verwundert über das Leben, umherschaut, und er ruft ihr zu:

Atme nun in vollen Zügen
Dieses friedliche Genügen
Einsam auf der stillen Flur.
Und hast du dich klar empfunden,
Mögen enden deine Stunden,
Wie zerfließt die Schwanenspur.

Er hielt es geradezu für ein Ziel des Daseins, über sich und seine Stellung in der Welt zur Klarheit zu gelangen; aber nicht über sich als eine unbegrenzte Möglichkeit, sondern als Realität, die lebend und handelnd erscheint, wozu vor allen Dingen Ehrlichkeit erforderlich ist.

Man muß, wenn man Keller als bewußten Menschen betrachtet, um ein richtiges Bild zu gewinnen, stets im Auge behalten, daß er ebensosehr Instinktmensch war, mit starken Zuneigungen und Abneigungen, die leicht gegen ungermanische Rasse und Art entstanden, und sich nicht selten in bedrohlicher Weise äußerten, indem er etwa auf den Tisch schlug, daß die Gläser zersprangen, oder Prügel an Unliebsame austeilte. In solchen Wutausbrüchen durchbrach zuweilen das unterirdische Feuer sein natürliches Phlegma. Es läßt sich aber wohl denken, daß er für sein ungeheuer weites und helles Bewußtsein mehr Gegengewicht brauchte, als seine Natur und seine Lebensumstände ihm boten, und daß er übermäßiger Liebhaber des Weingenusses wurde, weil er das im Rausche fand. Im Grünen Heinrich erzählt Keller, wie er beim Tellfest auf dem Lande angefangen habe zu tanzen und zu lärmen, ohne zufrieden zu sein; denn die Lust sei ihm im einzelnen viel zu nüchtern und langsam gewesen. Da gerät er zu einer Gesellschaft weintrinkender Burschen, und hier findet seine Sehnsucht endlich ein Ziel: »Ich trank von dem kühlen Wein, dessen schöne Farbe meinen Augen sehr wohl gefiel, und fing leidenschaftlich an zu singen.« Man sieht, daß erst nach Lähmung des großen kritischen Apparates, den er im Kopfe hatte, die Wirklichkeit seinen Phantasievorstellungen ähnlich wurde, und daß er sich im Grunde nur nach dieser innerlichen Entfesselung sehnte. Noch allgemeiner und tiefer ist es überhaupt das Bedürfnis der von ihrer durchdringenden Bewußtheit und ihrer Einzelheit ermüdeten Seele, sich von einer großen Lethewelle überschwemmen zu lassen, ähnlich wie man sich im Schlaf vom Wachen erholt. Nach strenger Anspannung tritt eine beglückende Lösung ein. Es ist scherzhaft zu beachten, was für einen Ehrenplatz der »goldfarbene Löwe« in Kellers Werken einnimmt; häufiger noch als bei E. T. A. Hoffmann die gemütlichen Punschbereitungen sind bei Keller die Gelegenheiten, wo schönfarbiger Wein gereicht wird, und nicht genug, daß sich die Wackern am Guten erfreuen, kennzeichnen die Schlechten ihre Verachtungswürdigkeit dadurch, daß sie sauren und wohlfeilen trinken, wie der Seldwyler Viggi Störteler mit seinen Genossen, die noch dazu den »Schwefelwein« nicht vertragen können und große Abschwächung und Übelkeit davontragen. Übrigens lobte Keller seinen Hang zum Weintrinken im Ernste selbst nicht und gab sich ihm auch nicht in so maßloser Weise hin, daß er dadurch sein Leben und seine Lebensarbeit geschädigt hätte.

Kellers Beschaffenheit, die ich eben mit einigen Strichen zu umschreiben versuchte, spiegelte sich wieder in seiner Weltanschauung und in seinem praktischen Verhalten, das mit dieser übereinstimmte. Es wurzelte nämlich seine Weltanschauung gleichermaßen im Bewußten wie im Unbewußten, das heißt, er erfaßte Gott sowohl als das allgemeine Bewußtsein, in dem jedes einzelne seinen Urquell habe, wie in der Natur als ewig wechselnden und gestaltenden Lebenswillen; und wenn er als Kind und Jüngling die Leitung seines Lebenslaufes der Fürsorge des allweisen Versorgers anvertraute, war das ebenso aufrichtig, wie wenn er nach den wundervollen Strophen:

Damals war ich ein kleiner Pantheist
Und ruhte selig in den jungen Bäumen

im Schoße der Natur sich im Schoße Gottes fühlte. Unter dem Einflusse Feuerbachs machte er insofern eine Umwandlung durch, als er das Dogmatische und Vermenschlichte, was infolge der Erziehung seinem Glauben noch anhing, abwarf, namentlich in bezug auf den Glauben an die Unsterblichkeit. Wenn er mehrmals betont, daß er den Gedanken an Unsterblichkeit aufgebe zugunsten eines desto glühenderen Erfassens der Wirklichkeit, des Lebens, so sieht man daraus, daß er hauptsächlich jene Auffassung bekämpfen will, die den Schwerpunkt auf ein nach Maßgabe des irdischen Wesens vorgestelltes oder besser erträumtes Jenseits verlegt, anstatt die auf Erden gestellten Aufgaben mit ganzer Hingebung zu erfassen und sich dem großen Gesetzesgange der Welt bescheiden zu unterwerfen. Er hat die unter dem Einfluß Feuerbachs geklärten Ansichten in der Figur Dortchen Schönfund verdichtet, in der die Wehmut des Verzichtes auf die Unantastbarkeit des eignen Selbst sich reizvoll vermischt mit der eben dadurch erhöhten Lebenswonne.

Sei dem wie ihm wolle: man kann mit dem Verstande und dem Geschmack die verschiedensten religiösen und philosophischen Meinungen billigen, eine, die im Wesen des Menschen begründet ist, bleibt davon unberührt, und das war bei Gottfried Keller die eigentliche Frömmigkeit und Gottgläubigkeit, bestehend in der immer gegenwärtigen Überzeugung von der Folgerichtigkeit und Zweckmäßigkeit alles Geschehenden und in der unerschütterlichen Verehrung der Vernunft des Weltganzen. Im Grünen Heinrich löst er selbst das Wunder der Gebetswirkung, als welches er es zuerst ansieht, dahin auf, daß er die rettende Wendung aus der durch das Gebet in ihm entstandenen Sammlung und Kräftigung erklärt, die ihn befähigte, ein geeignetes Hilfsmittel zu entdecken, und er fühlt sich nun wiederum befriedigt, »indem eben dieser Prozeß göttlicher Natur sei, und Gott in diesem Sinne ein für allemal die Appellation des Gebetes dem Menschen delegiert habe, ohne im einzelnen Falle einzugreifen, auch ohne sich für den jedesmaligen unbedingten Erfolg zu verbürgen«. Dies lautere Gottesbewußtsein bildet den goldenen Grund aller Dichtungen Kellers: ein tiefes Ruhen in der Vernunft des Alls, dem er sich selbst angehörig fühlt.

Dieselbe Frömmigkeit beseelte Keller gegenüber der Natur; während es im allgemeinen solche Menschen gibt, die Ehrfurcht vor Gott, dem Geiste, empfinden bei verhältnismäßiger Herabsetzung der Natur, und solche, die, weil sie die eisige Majestät des Geistes fürchten, sich mit fast krankhafter Zärtlichkeit in die Arme der Mutter, der Natur, flüchten, so hegte Keller, glücklich harmonisch, gleiche Liebe für beide. Ich kenne keinen Dichter, der so treu und inbrünstig verehrend und dabei mit durchfühlendem, lächelndem Verständnis die Natur in die Kunst übertragen hat, wie es eben nur ein Kind mit der Mutter tun kann. Er kennt ihre herrlichsten Wunder und ihre heimlichsten Wege, er liebt ihre goldenen und grauen Tage, teilt das Höchste und Kleinste mit ihr. Sie ist die Geliebte, die ihn mit ewiger Treue und Jugend erquickt; ihren warmen Mutterblick möchte er im Streit des Lebens auf sich ruhen fühlen, ihre Frühlinge, Früchte und Sterne sind ihm statt alles irdischen Gutes. Sein Herz ist ganz in dem armen Jungen, der die Pfennige zu erbetteln vergißt, die seinen Hunger stillen sollten, weil einer Hyazinthe »seliger Duft« ihn betörte, und das Begrabenwerden in der braunen Erde ist ihm ein wohliges Verkriechen in den guten mütterlichen Schoß. Tiere führte er mit so pietätvoller Liebe ein, daß durch ihn der Menschengeist ihre bewußtlos wissende, haltlos flutende Seele mit seinem unsterblichen Atem zu überhauchen scheint. Ich erinnere an die Eidechse in dem Zyklus vom Lebendig Begrabenen, die vom Zweige herab auf den Jungen schaut, der unter dem Baume liegt und träumt:

Nie hab ich mehr solch guten Blick gesehnUnd so lebendig ruhig, fein und glühend;Hellgrün war sie, ich sah den Odem gehnIn zarter Brust, blaß wie ein Röschen blühend;

wie sie sich dann vom Zweige herabläßt und sich ihm, ein feines Geschmeide, um den Hals biegt:

Das war der einzige und schönste Schmuck,
Den ich in meinem Leben je getragen!

Oder man denke an die Schilderung der schönen Schlange im Sinngedicht, die Reinhart Lucie zu berühren lehrt, und von der sie zu träumen wünscht, wenn sie einmal traurige Tage hätte; oder an die Schilderung des Steinbocks im Apotheker von Chamounix, der zierlich auf dunkler Klippe steht, »alle Füße nah beisammen«:

Manchmal sah ers oben stehen
In des Herbstes Rosensonne,
Wie ein Traum von hohen Zinnen
Sah es lauschend in die Tiefen.

Niemals hingegen finden wir bei Keller das Sichauflösen in die Natur, das im Grunde nur ein wollüstiges Abwerfen der mühseligen Verantwortlichkeit und des selbstbewußten Lebens von seiten der Schwachen ist.

Kellers Anschauungen sind alle Erwerb aus seinem Leben und stehen deshalb nicht in Widerspruch dazu. Es verdient höchste Bewunderung, wie ernst und ehrlich er die Folgen seines Daseins auf sich nahm, so lastend sie sein mochten, was man in seinen biographischen Dokumenten, im Grünen Heinrich und den Briefen verfolgen kann. Es gehörte zu seiner Art der Frömmigkeit, daß er das Böse ebenso willig wie das Gute hinnahm, von vornherein überzeugt, daß es berechtigt sein müsse, und befriedigt, wenn er seinen notwendigen Zusammenhang mit seinem Leben eingesehen hatte.

Ich kenne Dich, o Unglück, ganz und gar,
Ich sehe jedes Glied an deiner Kette,
Du bist vernünftig, zum Bewundern klar,
Als ob ein Denker dich geordnet hätte.

Wer entzöge sich nicht gern dem Übel und klagte Gott, Schicksal oder Menschen an, es veranlaßt zu haben? Für Keller war es in Wahrheit ebenso heilig wie das Gute, als etwas Gegebenes und irgendwie von anderen Menschen, besonders von ihm selbst folgerichtig Hervorgebrachtes; er kostete es nicht weniger gründlich aus wie die Genüsse, und anstatt zu klagen, befliß er sich einzig, sein Unglück zu verstehen und davon zu lernen. Man mag es tadeln, daß er seine Armut nicht energischer bekämpfte, wird aber immer die rühmliche Tapferkeit und vornehme Gesinnung bewundern müssen, mit der er sie auf sich nahm. Entgegen den wissenschaftlichen

Meinungen, die er hörte, entschied er sich denn auch zugunsten der Willensfreiheit, da er es verschmähte, die Verantwortung für sein Tun und Lassen auf ein unverantwortliches Unbekanntes abzuwälzen. Der freie Wille, meint er im Grünen Heinrich, möge bei wilden Völkern und in verwahrlosten Einzelnen nicht vorhanden sein: er müsse sich einfinden und entwickeln, sobald einmal die Frage nach ihm aufgekommen sei, und Voltaires Trumpf, daß man Gott erfinden müsse, wenn es keinen gäbe, sei mit Recht auf das Dasein der Willensfreiheit anzuwenden.

Die Gebundenheit des Menschen erfuhr er auch an sich; aber wenn er sich gehen oder sinken ließ, geschah es doch in dem Gefühl, daß er selbst das Zeichen zur Wiedererhebung würde geben können. Nicht umsonst hatte ihm der Eichmeister, wie es im Grünen Heinrich erzählt wird, das Urmaß an den Hals gelegt und dazu gesprochen: »Bis hier hinauf und nicht weiter dürfen Glück und Unglück, Freude und Kummer, Lust und Elend gehen und reichen! Mags in der Brust stürmen und wogen, der Atem in der Kehle stocken! Der Kopf soll oben bleiben bis in den Tod.«

Der Gedicht-Zyklus »Lebendig begraben«, dessen allzu gesuchter, von Keller auf fremde Anregung gewählter Stoff den künstlerischen Genuß beeinträchtigt, zeigt seine unerschöpfliche Schönheit, wenn man dabei nur an des Dichters Leben und Kämpfen denkt. Er konnte kein besseres Symbol finden für seine Art das Unglück zu bemeistern, indem er sich erkennend und schließlich liebend hinein vertiefte, und für die Kraft, in der er sich übte, »sein edleres Ich beschaulich aus dem dunklen Spiegel der Not zurückleuchten zu sehen«. Darum haben die Verse, in denen der Begrabene sich der ganzen Tiefe seines Elends bewußt wird und zugleich die Verzweiflung beschwört, die ihn anfällt, nichts Prahlerisches, sondern drücken geradezu die stolzbescheidene Geistesgröße Gottfried Kellers aus:

Halt ein, o Wahnsinn! denn noch bin ich Meister
Und bleib es bis zum letzten Odemzug!
So scharet euch, ihr armen Lebensgeister,
Treu um das Banner, das ich ehrlich trug.

So öffnet euch, krampfhaft geballte Fäuste,
Und faltet euch ergeben auf der Brust!
Wenn zehnfach mir die Qual das Herz umkreiste,
Fest will ich bleiben und mir selbst bewußt!

Von Erdenduldern ein verlorner Posten,
Will ich hier streiten an der Hölle Tor;
Den herbsten Kelch des Leidens will ich kosten,
Halt mir das Glas, o Seelentrost Humor!

Die bekannte Weltbejahung Gottfried Kellers hängt zusammen oder ist eigentlich eins mit seiner Frömmigkeit, die an die Vernunft des Weltganzen glaubt und weiß, »daß eher ein Berg einstürzt, als ein Menschenwesen ohne angemessene Schuld zugrunde geht«; mit dem daraus entspringenden Freiheits- und Verantwortlichkeitsgefühl, mittätig in der großen Lebenswelt zu sein, und schließlich mit der Lust an der schönen Erscheinung, ohne die keiner Künstler sein kann. Seine Lust zu schauen ist unverwüstlich; wer sich ihm anvertraut, geht an seiner Hand über die Erde wie durch ein Land an einem hohen Frühlingsfesttage, wo Himmel und Erde prangen, schöne Menschen bekränzt und geschmückt in Prozessionen daherziehen, alle Häuser ihre Teppiche aus den Fenstern gehängt und ihr bestes Gerät ausgestellt haben. Es kennt wohl jeder die schöne Stelle in Schopenhauers Hauptwerk, wo er das Wesen des Genies erklärt als eines Menschen, dessen Intellekt die Fähigkeit besitzt, sich vorübergehend von dem tyrannischen Willen frei und zum Spiegel der Welt zu machen, der ihr Wesen rein aufnimmt, nicht wie sie dem gebundenen Menschen in bezug auf seine Bedürfnisse, Meinungen und Ziele erscheint. Man nennt diese Fähigkeit auch Objektivität, weshalb sich denn bei Schopenhauer der Ausspruch findet, Objektivität sei Genie. Daran muß man bei Keller immer denken. Wie in dem »gefeiten Himmelswasser« dem Gletscher von Chamounix das Lichtbild der geläuterten Klara erscheint,

Gleich dem Umriß eines Engels,
Den ein Meister in das Trinkglas
Seiner Liebsten leis gegraben,

so rein und unentstellt spiegeln sich Menschen und Dinge in seiner Seele.

Mit der Objektivität hängt auch der Humor zusammen, indem sie auf einen hohen Standpunkt stellt, von welchem aus das Wichtige in bezug auf Höheres als unwichtig und alles im Wechsel der Beziehungen zu erkennen ist, wozu freilich, damit wir von Humor sprechen können, ein gleichmäßig wohlwollendes Gefühl kommen muß. Bei Keller haben wir die Überlegenheit des Intellektes und die der Liebe; er will uns fast wie ein guter alter Himmelvater aus Kinderbibeln vorkommen, der mit unendlichem Wohlgefallen, doch oft nicht wenig belustigt, auf seine eigenwillige Schöpfung herunterblickt, so hoch und fern, daß er die Musen an den »himmlischen Quellen der oberen Bergpartien« auf »kleinen Melkstühlen« sitzen sieht, und so innig nah, daß er die winzige Heuernte der Murmeltiere zwischen den Felsen bis auf das Männchen, das der kleinste Murmelbub dabei macht, beschreiben kann. Dies göttliche Umfassen und lächelnde Durchschauen, das den Grundton seiner Werke bildet, scheint mir für Keller wesentlich charakteristisch zu sein, und es mag damit der von ihm beliebte und öfters bemerkte häufige Gebrauch von Diminutiven zusammenhängen, als einer väterlich liebenden Stellungnahme zu allen Dingen.

Keller liebte die Menschen, soweit sich das tun läßt, ohne urteilslos jedermann mit einem faden Gefühlsschleim zu überziehen. Er liebte sein Volk treu wie ein älterer Bruder, der lehrt, rät, eifert, sich mit freut und mit leidet, seine Familie dauerhaft und selbstverständlich, wie es zum Wesen dieses Instinktes gehört. Wie er es mit seiner Mutter hielt, ist bekannt, und man wird nicht ohne Rührung in seinen Briefen lesen, wie er die herbe, doch tapfere und urwüchsige Schwester Regula nach ihrem Tode betrauerte. Gegen Kameraden und Freunde war er anhänglich, anerkennend, dankbar und hilfsbereit. Zu kameradschaftlichem Wirtshausverkehr, den er im Auslande zunächst zu suchen pflegte, paßten ihm am besten die Landsleute, unter denen es immer biedere Gesellen gab, die guten Spaß und guten Trunk zu schätzen wußten. Daneben begegnete er einer Reihe von ausgezeichneten Männern, die ihm nicht nur menschlich zusagten, sondern ihn auch geistig anregten, so Ferdinand Freiligrath, der aufrichtige und brave Freiheitsapostel und tüchtige Mann, dessen Fröhlichkeit und Gelächter erquickend aus kindlicher Gemütsart quoll; Hermann Hettner, eine lebhafte, tätige Natur, durch vornehme Gesinnung ausgezeichnet, mit dem mündlich und schriftlich ein anregender Gedankenaustausch über literarische, namentlich dramatische Fragen betrieben wurde; Varnhagen, dessen auserlesenen Stil Keller bewunderte; Gottfried Semper, der Architekt, von dem es Keller ein Jahr nach seinem Tode so wunderlich träumte, er sei von drüben her ihn besuchen gekommen und habe ihm beim Abschied zugerufen: »Gehen Sie nicht dorthin, Herr Keller! Schlechte Wirtschaft dort!« Ferner der Ästhetiker Vischer, der in seiner Pfahldorfgeschichte Kellers äußere Erscheinung liebevoll geschildert hat, schließlich ein verwandter und ebenbürtiger Geist: Arnold Böcklin.

Sein Verhältnis zu C. F. Meyer wurde niemals herzlich, immerhin war es durchaus würdig und diente beiden Männern zum Ruhme. Meyer, der Kellers Überlegenheit anerkannte, näherte sich dem etwas älteren mit Ehrerbietung, unbeirrt durch Kellers kühlere Haltung; die unbefangene Herzhaftigkeit, die Keller sicherlich am liebsten gewesen wäre, war ihm nicht gegeben. Aus Kellers kurzen Briefen spricht Höflichkeit und der Wunsch, gerecht zu sein und nicht zu verletzen, zugleich aber auch eine gewisse Ungeduld, die er, wie mir scheint, lebhaft empfand, wenn jemand nicht ganz und gar er selbst zu sein entweder wagte oder sich begnügte.

Besonders liebenswert erscheint Keller in seinen Beziehungen zu den Frauen. Daß Keller die herzlichsten Gefühle, aber keine Gegenliebe in den von ihm geliebten Mädchen erregte, lag vielleicht an seinem weiblichen Mangel an Feuer und Tatkraft, der ihn verhinderte, da, wo er liebte, als Eroberer und zukünftiger Besitzer, überhaupt mit der leidenschaftlich elementaren Sicherheit aufzutreten, die Frauen nun einmal hinzureißen pflegt. So tief er fühlte, war er der Geliebten gegenüber doch ebensosehr der geniale, humorvolle Beschauer wie der begehrende Mann, welch letzterer einzig zwar nicht unbedingt beglückt, aber, wie die menschliche Natur ist, Leib und Seele der Frauen gewinnt. Was Keller als Freier schädigte, muß ihn als Menschen in unsern Augen erheben: die mannhafte stolze Art, wie er sein Liebesunglück im stillen überwand, und vor allen Dingen sein vornehmes Betragen gegen die, die ihn abgewiesen hatten, das niemals von Empfindlichkeit, geschweige denn jener Gehässigkeit und Rachsucht zeugt, die beim Manne leicht an die Stelle der zurückgewiesenen Liebesleidenschaft treten.

Von den Frauen vor allen sollte Gottfried Keller verehrt und dankbar liebend im Herzen getragen werden, denn sie haben unter den Dichtern keinen besseren Freund als ihn. Er, der so unwirsch über die sogenannte Frauenemanzipation brummte, hat in seinen Werken ein Frauenidealbild geschaffen, wie es die nach wahrer Freiheit strebenden Frauen sich wünschen mögen: die Frau, reich an weiblicher Süße und Herzensfülle wie an edeln Kräften des männlichen Geistes, die den Titel des Mannweibes im guten Sinne tragen dürfte. Klarer Geist und Tatkraft zeichnen alle die lieblichen Wesen aus, die seinem Haupte entsprungen sind. Da ist das Schloßfräulein Fides, die mit stillbescheidener Festigkeit aller Welt zum Trotz ihren Minnesänger Hadlaub zum Gemahl nimmt, und die der Dichter folgendermaßen charakterisiert: »Aus einem raschen und leidenschaftlichen Kinde war ein tief und stolz fühlendes und nicht minder klar sehendes und verständiges Wesen geworden, dessen Neigungen vorzüglich nach Recht und Ehre gingen.« Ihre äußere Schönheit beschreibt er so: »In diesem Gesichte gab es keine unklaren topographischen Verhältnisse, keine unbestimmten oder überflüssigen Räume, Flächen und Linien, alle Züge waren bestimmt, wenn auch noch so zart geprägt, wie in einem wohlvollendeten Metallguß, und alles beseelt von der eigensten, süßesten Persönlichkeit. Die Schönheit war hier von innen heraus ernsthaft, wahr und untrüglich, obgleich ein Zug ehrlicher Schalkhaftigkeit darin schlummerte, der des Glückes zu harren schien, um zu erwachen.« Ebenso betont er in Pankrazius dem Schmoller, daß Lydia nicht nur eine Schönheit, sondern »eine Person« gewesen sei; »und zwar schien diese edle Selbständigkeit gepaart mit der einfachsten Kindlichkeit und Güte des Charakters und mit jener Lauterkeit und Rückhaltlosigkeit in dieser Güte, welche, wenn sie so mit Entschiedenheit und Bestimmtheit verbunden ist, eine wahre Überlegenheit verleiht und dem, was im Grunde nur ein unbefangenes, ursprüngliches Gemütswesen ist, den Schein einer weihevollen und genialen Überlegenheit gibt.« Die wilde, herrliche Küngolt hat mehr leidenschaftliches Blut als klaren Geist, dafür besitzt sie aber Humor, der sonst den Frauen abgesprochen wird, und es liegt wahrhafte Überlegenheit darin, wie sie im Augenblick, wo sie enthauptet werden soll und am Abend desselben Tages, als sie zufrieden an der Seite ihres Mannes liegt, beide Male leise vor sich hinsagt: »So kann es einem ergehen!«

Anna Margarete Landolt, die Mutter Salomons, schildert Keller als die »beste und gerechteste Person« in ihrer verwilderten Familie. Sie reitet zwar mit den Männern auf die Jagd, führt die Hetzpeitsche und pfeift durch die Finger, aber sie hält sich doch »mit hellem Verstande und heiterer Laune bei guten Sitten«, so daß sie ihren Kindern eine zuverlässige Freundin werden kann. Recht ein Liebling Kellers ist Frau Marianne in derselben Geschichte, die »seltsamste Käuzin von der Welt«, eine »Person« durch und durch, urwüchsig, echt, großherzig und darum unwiderstehlich. Das Kloster, in dem sie nicht bleiben will, entläßt sie aus Schrecken über ihren »wilden und furchtbaren Widerstand«; die verliebten Offiziere und Studenten, die ihr nachstellen, weist sie energisch zurück, und einem Offizier, der sie aus Eifersucht verleumdet hat, zerbricht sie den Degen, daß er seinen Abschied nehmen muß. Als es dem Manne, den sie aus Liebe geheiratet hat, in ihrer Pflege zu wohl geworden ist und er anfängt, sie zu verachten, läßt sie ihn ziehen und kämpft sich allein weiter durch das Leben. Ihr Herz, das »stärker war als alle Schicksale« und den Verlust von neun leidenschaftlich geliebten Kindern überlebt hat, überstrahlt ihre verwitterte, rauhe Erscheinung, die sie »eher einem alten Husaren als einer Wirtschaftsdame« gleichen läßt; und als sie, müde von Arbeit und Pflichterfüllung, stirbt, folgt ihrer Leiche ein Grabgeleite »wie einem angesehenen Manne«.

In vielen Fällen verleiht Keller den Frauen eine gewisse Überlegenheit den Männern gegenüber, die als gute, leidenschaftliche Wesen, nach altgermanischer Auffassung, ihrer Harmonie und Besonnenheit bedürfen. Spielt auch anderswo der Mann die führende Rolle, wie Dietegen die törichte Küngolt beschützt oder Justine durch den feineren Jukundus beschämt wird, so ist es dann doch wieder irgendeine Schwäche des Mannes, Verstocktheit oder Mangel an rechtem Zugreifen, die die Verwirrung herbeiführt.

Hat sich nun auch Keller selbst zu der »lieblichsten der Dichtersünden« bekannt, Frauenbilder, wie die Erde sie nicht trägt, zu erfinden, so ist das ganz buchstäblich nicht zu nehmen; denn er war der Meinung, daß das Dichten nur berechtigt sei, wenn man, bei allem phantastischen Zauber, Wahres darstelle, und würde sich nie herbeigelassen haben, Menschen zu schaffen, die ihresgleichen in der Natur nicht hätten oder haben könnten. Er hatte gute Vorbilder in seiner Mutter sowohl wie in allen den Frauen, die nacheinander sein Herz bewegten. Luise Rieter, die Winterthurerin, ein offenes, heiteres und schlagfertiges Mädchen, die nach dem Tode ihres Vaters, obwohl viel umworben und in Wohlhabenheit aufgewachsen, im Ausland Erzieherin wurde, um sich ihr Leben selbst zu verdienen, und später trotz eines schweren Leidens, das sie sich zugezogen hatte, Sonnenschein um sich zu verbreiten wußte bis zu ihrem im Jahre 1879 erfolgten Tode, war augenscheinlich durch Charakter, Temperament und Begabung ausgezeichnet; ebenso Johanna Kapp, die ähnlich wie Luise Rieter mit der Fähigkeit, sich einem geliebten Manne rückhaltlos hinzugeben, einen starken Unabhängigkeitssinn verbunden zu haben scheint. Es ist den Werken Gottfried Kellers zugute gekommen, daß er sich im Leben an nicht nur liebreizende, sondern auch feste und tüchtige »Personen« hielt.

Was Keller an den Frauen nicht liebte, sieht man an einer Gestalt wie Züs Bünzlin, mit der er, wie er gelegentlich bekennt, ohne Absicht manche Erscheinung der ästhetischen Berliner Kreise getroffen hat. Sehr unduldsam war er gegen berechnende Gefallsucht und konnte, wo er etwas davon spürte, in Wirklichkeit ebenso grob werden, wie sein Pankraz gegen Lydia; dort hat er sich auch in sehr verdienstlicher Weise scharf über die von vielen Frauen beliebte Koketterie ausgelassen, sich absichtlich dumm und albern zu stellen und das für weibliche Anmut auszugeben. Er liebte Gesundheit, Ehrlichkeit, Freimut, Kraft, ganze Gefühle, und widerwärtig waren ihm Verlogenheit, Gespreiztheit, hohles Verstandeswesen, Kleinlichkeit, ohnmächtiges Wollen ohne Vermögen, Eitelkeit; aber keineswegs war er der Meinung, irgendeine von diesen oder anderen Eigenschaften kämen dem männlichen oder weiblichen Geschlechte allein zu. Von dem alten Trödlerpaar im Grünen Heinrich hat eigentlich die Frau, die das Geschäft gegründet und das Vermögen gemacht hat, die geistiger Interessen fähig ist, Wohlwollen zeigt und überhaupt in großen Linien angelegt ist, die Eigenschaften, die man für gewöhnlich männlich nennt, der schmarotzende kleine Mann hingegen, der nichts ernst nehmen kann, rachsüchtig, gehässig und genäschig ist, die sogenannt weiblichen. Ebenso ist Eugenie in den Sieben Legenden selbständigen und starken Geistes, so daß sie ein ganzes Kloster regieren kann, während die Hyazinthen weiblich abhängig und faul sind und, sowie sich die Gelegenheit gibt, unter vollständigem Absterben aller geistigen Regungen dicke Mönche werden.

Der Künstler, der selbst in erster Linie Mensch und dann erst Geschlechtswesen ist, sieht auch in den andern zunächst den Menschen, woher die hohe Sittlichkeit der großen Kunstwerke rührt. Keller steht hoch über der sinnlich subjektiven Enge eines E. T. A. Hoffmann, der mit Frauen, die häßlich oder mehr als zwanzig Jahre alt waren, nichts anzufangen wußte; seine Briefe an die Witwe Freiligraths und ihre Schwester Marie Melos zeigen seine zarte, liebevolle und ehrerbietige Gesinnung im Verkehr mit liebenswerten alten Damen, und selbst einer ihm unsympathischen, ungewöhnlich reizlosen Erscheinung gegenüber, wie Ludmilla Assing war, läßt er es trotz aller gelinden Ironie nicht an Achtung vor dem, was sie leisten konnte, und nicht an Mitleid mit ihrem halb lächerlichen halb tragischen Schicksal fehlen. Demgemäß hat seine Kunst auch nicht nur hübsche junge

Frauen, sondern in der Mutter und Großmutter des Grünen Heinrich, der Frau Hediger und Frau Regel Amrain, der erwähnten Marianne und der Marie Salander Typen für die Schönheit und Würde einer jeden Altersstufe geschaffen.

Dem Bilde seiner Frau entsprechend ist die Liebe in seiner Dichtung dargestellt: stark, naiv, rein und süß. Von Sinnlichkeit hat sie soviel wie es einer schönen und gesunden Natur gemäß ist, und da sie immer durch eine geistige Kraft im Gleichgewicht gehalten wird und naiv ist, tritt das Bedürfnis nach Verschleierung nicht auf, die häßliche Lüsternheit aus einem natürlich guten Triebe macht. Wie nun innerhalb der Liebe deren sinnlicher Seite ihr gutes Recht gelassen, doch auch eine bestimmte Schranke gezogen wird, so hält es Keller mit der Liebe überhaupt, indem er ihre Lust und Qual ganz empfindet und empfinden läßt, ohne daß sie sich im Leben allzu breit machen darf.

Im modernen Leben wie in der modernen Kunst ist der Liebe zuviel Platz eingeräumt, und es gehört das zu den bedeutendsten Ursachen und Kennzeichen der Kränklichkeit und Schwäche unserer Zeit. »Ein oder zwei wegen einer Dame ruinierte Jahre mögen allenfalls angehen,« schrieb Keller anläßlich des Narciß von Brachvogel, »aber ein ganzes Leben darf nicht geschnupft werden und ist weder dramatisch gut noch sonst ersprießlich.« So ließ er wohl seinen Grünen Heinrich an der Verschuldung gegen die Mutter zugrunde gehen, aber von Liebessachen lassen seine Helden und Heldinnen sich nicht unterkriegen; selbst Agnes, die schwächste seiner Mädchen, verwindet ihren Liebesgram, um eine brave Familienmutter zu werden. Das Unglück unerwiderter Liebe, das er selbst oft erfuhr, ließ er nicht als solches gelten: »Nur eigensinnige und selbstsüchtige Verfassungen laufen Gefahr sich aufzulösen, wenn sie von denen nicht geliebt werden, die ihnen gefallen.« Aber auch andersgeartetes dauerndes Abirren der Liebesleidenschaft mißfiel ihm: er verlangte für dieselbe »eine natürliche Grundlage der Zweckmäßigkeit und Möglichkeit«; was gewiß nicht ausschließt, daß er für jedes menschliche und wahre Gefühl Verständnis hatte. Am meisten verhaßt war ihm eben auch auf diesem Gebiete das Hohle, Unwahre und Sentimentale, in das man sich »hineinduselt«, oder das Absichtliche und Prahlerische, was ihn an dem »vierbeinigen zweigeschlechtlichen Tintentier« Stahr-Lewald so sehr erbitterte.

Es ist eigen, daß gegen einen Dichter, der in der Auffassung der Liebe so streng eine gesunde Keuschheit beobachtete, der Vorwurf erhoben werden konnte, er habe in seiner Novelle Romeo und Julia auf dem Dorfe ein unwahres Bild der Liebe entworfen und dadurch schädlich gewirkt; während gerade die Hilflosigkeit zweier ganz junger Menschen gegenüber dem großen Elemente zwar nicht vorbildlich ist, aber ein typisches Naturereignis und in seiner Notwendigkeit von erschütternder Schönheit. Vergleicht man seine

Behandlung dieses Stoffes mit mancher modernen, so wird man seine Kunst des Poetisierens und Stilisierens, unter der die Wahrheit nicht leidet, doppelt bewundern.

Zu den Dingen, die »fester und löblicher« seien als die »jugendliche Kurzweil« des Liebens, rechnete Keller besonders die Betätigung als Staats- und Stadtbürger. Gottfried Keller gehörte nicht zu jenen Künstlern, die sich vom öffentlichen Leben in einen Schlupfwinkel zurückziehen, um dort an einer womöglich mit dem Leben nicht organisch verbundenen Kunst zu schaffen, sondern er schlug seine Wurzeln fest in den Boden, wo alle Menschen sich umtreiben, in der Meinung, von dort aus desto besser in die Luft wachsen zu können. Als ein bürgerlicher Städter gehörte er nach den damaligen Zeitumständen und auch nach seinem trotzigen, unabhängigen Sinn der Demokratie an, wohingegen seine Objektivität ihn für billiges Maßhalten und Anerkennen des Berechtigten aller Parteien geeignet machte. Demgemäß beteiligte er sich in der Jugend, die sich dem Strome der Zeit gern hingibt, an den revolutionären Kämpfen der vierziger Jahre, mäßigte sich später und bekam im Alter einen scharfen Blick für die Schäden der Demokratie, ohne darum ein verbitterter Reaktionär zu werden. Aus seiner Jugendzeit haben wir von ihm ein Lied vom Völkerfrieden, von der goldenen Zeit, wo alle Nationen in eine würden vereinigt sein. Keller war nicht der Mann, derartige allgemeine Zukunftsideale mit auf die nächsten Bedürfnisse der Gegenwart gerichteten Handlungen zu vermengen; aber deswegen waren sie für ihn doch etwas anderes als bedeutungsloser schöner Schall. Vollends wäre es verkehrt, aus der harten Kritik, die er im Salander an der zeitgenössischen Demokratie übte, zu schließen, er sei als alter Mann seinen Jugendidealen abtrünnig geworden; denn tiefster Überzeugung nach gehörte er immerwährend dahin

wo das Herz schlägt,
Auf der Menschheit frohe Linke,
Auf des Frühlings große Seite!

und äußerte die Meinung, ein verständiger Mann müsse Freund der Freiheit und des Fortschritts auf jedem Gebiete sein, was für Irrtümer und Torheiten es auch dabei zu überwinden geben möge.

Für die Weltpolitik fehlte es ihm nicht an Interesse und Verständnis; aber indem er die Großartigkeit der Verhältnisse in den Nachbarländern, wo sich in seinen Jugendjahren leidenschaftliche Kämpfe abspielten, bewunderte, kehrte sein Blick doch mit Genugtuung zu seiner Heimat und ihrer bewußteren, zweckvolleren Entwicklung zurück. »Wie unermeßlich aber auch alles ist,« schrieb er 1848 gelegentlich der Revolutionen in Wien, Berlin und Paris an einen Freund, »wie überlegen, ruhig, wie wahrhaft vom Gebirge herab können wir armen kleinen Schweizer dem Spektakel zusehen! Wie feingliederig und politisch raffiniert war unser ganzer Jesuitenkrieg in allen seinen Phasen und Beziehungen gegen diese freilich kolossalen, aber abcmäßigen Erschütterungen! Selbst daß unsere Leute weniger Todesverachtung gezeigt haben, als fast alle diese verschiedenen Städte, ist mir lieber und beweist die feinere Kultur, das Bewußtsein, daß es eben gehen muß und soll, ohne sich allzu toll zu gebärden.«

Kellers Vaterlandsliebe war sowohl die instinktive, unwandelbare Anhänglichkeit an die mütterliche Erde, der nahezusein ihm Wohlgefühl und Augenweide bedeutete, wie gründliches Kennen und Schätzen und schließlich das Bewußtsein, durch Blut, Opfer, Ruhm und Gedankenarbeit der Vorfahren auf seinen Posten verpflichtet zu sein und den Nachkommen Haus und Gut, soviel an ihm sei, in würdig wohnlichem Zustande überlassen zu müssen. In dem Gedicht vom alten Bettler scheint mir Kellers Vaterlandsliebe vollkommen zum Ausdruck gebracht zu sein; zugleich seine unzerstörbare Kindestreue und die göttliche Ferne und Uneigennützigkeit seines großen Herzens.

Es ist bekannt, daß Keller nicht nur Liebhaber in der Politik war, sondern während einer Reihe von Jahren als erster Staatsschreiber Zürichs der Staatskanzlei vorstand und damit eine beträchtliche Menge von Geschäften zu erledigen hatte. Das gereicht der zürcherischen Regierung und ihm selbst zu hohem Ruhme; denn es gehörte von seiten der Regierung ein stolzes Zutrauen und feines Selbstbewußtsein dazu, dem nicht juristisch vorgebildeten und durch seine Gewöhnung an willkürliches Sichgehenlassen ein wenig verwilderten Dichter auf einen so hohen, jedermann sichtbaren Platz zu stellen, und andererseits Kellers intelligente Tüchtigkeit, der Meinung zu entsprechen.

Am Vorabend seines Amtsantritts machte Keller eine große Gesellschaft mit, bei der ihm der Weingenuß um so schlechter bekam, als er in den Groll über die Extravaganzen, die er mit ansehen mußte, hineintrank, und anstatt um 8 Uhr in der Kanzlei zu erscheinen, mußte er nach 10 Uhr von einem Regierungsrat aus dem Bette geholt werden, was der Entrüstung, die in weiten Kreisen über die unbedachte Wahl herrschte, Recht zu geben schien. Allein es war die letzte Welle, die Keller bis an den Hals und fast über das Zeichen des Eichmeisters hinaus schlagen ließ; nunmehr gebot er Halt und zeigte sich als ein so unantastbarer und gewiegter Staatsschreiber, daß die Widersacher sich sogleich bekehrten und öffentlich bekannten, sie hätten bei ihrer Beurteilung der Sache das Genie nicht in Betracht gezogen, das jede Aufgabe zu bemeistern wisse.

Es wäre verkehrt, die Sache so aufzufassen, als hätte durch den Beruf der Dichter sich ins bürgerliche Joch zwingen lassen und wäre Philister geworden; sehe man es lieber als einen Beweis an, daß dieser Dichter keine an der Menschheit schmarotzende Pflanze, kein außerhalb stehender Priester oder Götze sein wollte, sondern sich Mensch wie die andern fühlte, nur reicher und stärker an Trieb wie Bewußtsein, und darum der Gesellschaft mehr als andere verpflichtet.

Daß er während seiner Amtsjahre nicht dichtete, ist nicht zu beklagen, weil man sicher sein kann, daß in seinem Inneren Keimen und Wachsen war, und weil das langsame, stille Reifwerden zu seiner Eigenart gehörte, der zum Teil gewiß die besondere Süße und Fülle seiner Werke zu verdanken ist; aber auch abgesehen davon, ist es segensreich für ein Volk, wenn seine Künstler nicht nur durch ihre Werke, sondern auch durch ihr Leben voranleuchtend wirken, und die tapfere Selbstherrschaft, die Keller ausübte, indem er seiner Mutter und seinem Vaterland zuliebe sich in den Dienst des Staates stellte, macht ihn menschlich ehrwürdig und vorbildlich.

Nach 15 Jahren machte Keller sich wieder frei und begab sich daran, sein Lebenswerk zu vollenden, vor allen Dingen durch Überarbeitung des Grünen Heinrich. Verlangte nicht die Pietät, dem Dichter zu gehorchen, der einen Fluch über diejenigen aussprach, die jemals die erste Fassung seines Romanes wieder ins Leben riefen, so müßte uns der gute Geschmack bestimmen, sie der Vergessenheit, die er für sie wünschte, zu überlassen; denn wenn Keller die Fehler seines Jugendwerkes auch allzu peinlich empfand, so muß doch zugegeben werden, daß ihm der Mangel an Überblick des Ganzen, viel subjektives Reden und nachlässige Breite stellenweise mehr den Charakter eines Tagebuches als einer formgewordenen Kunstarbeit geben. Der Grüne Heinrich in seiner endgültigen Fassung dagegen besitzt die Reife und Vollendung, die vielleicht nur ein Werk haben kann, an dem Jugend und Alter gemeinsam gearbeitet haben. Einen solchen Roman besaß unsere Literatur trotz Wilhelm Meister und der Romantik noch nicht; der einzige in deutscher Sprache, der war, was diese Dichtungsform sein sollte, nämlich ein modernes Epos, eine homerische Dichtung, die doch nirgends eine solche Analogie sucht und ganz unter ihren eigenen Bedingungen erwachsen ist.

Ein Leben läuft ab, aus altem, ansässigen Bauernvolk hervorgegangen, in die bewegliche Stadt versetzt, von dem Strome des geordneten Staatswesens aufgenommen und weitergetragen, bis die eigenen Schicksalstriebe sich regen, die es mit wechselnder Bewegung, bald müßig schlängelnd, bald mit starkem Stoß und stürzend, durch Irrtum und Kampf, hart am Untergang vorüber, zu versöhnter, doch schmerzvoller Klarheit führen. Homerisch darf man die Dichtung insofern nennen, als alle dargestellten Verhältnisse und Menschen einfach und typisch sind und auch die Besonderheit des Stiles nur darin besteht, mit Unterdrückung des Zufälligen, Unwesentlichen, das schlechtweg Angemessene und das Verständnis Befördernde zu sagen.

In Hinsicht des Stoffes handelt es sich im Grünen Heinrich – und meistens bei Keller – um die einfachsten menschlichen Verhältnisse: Trennung und Heimkehr, Erziehung, Schule, Beruf, Arbeit und Feste, aus welcher einfachen Struktur die Fülle, die er energisch verlangte, durch zahlreiche individuelle Züge, die denn auch bunt, abenteuerlich, ja grotesk sein durften, organisch hervorblüht.

Während Keller am ersten Grünen Heinrich arbeitete, beklagte er sich, daß die »weitschichtige, unabsehbare Strickstrumpfform« des Romans nicht in seiner Natur liege; namentlich in der endgültigen Fassung hat er den schwierigen Zwiespalt zwischen den Forderungen epischer Breite und künstlerischer Zusammenfassung und Gestaltung glänzend überwunden. Die große Fläche ist aufs reizendste gegliedert, aus dem ruhenden Grunde hebt sich Bild um Bild und scheint die ungeheure Masse der Erzählung in Einzelgedichte aufzulösen, ohne daß doch jemals der Eindruck des breiten Stromes schwindet, der die kleineren und größeren Wellen schlägt.

Wundervoll schließt sich an die dumpfen Freuden, Trübsale, Irrsale und Verrichtungen der Kindheit, die sich natürlich mit dem Phantastischen und Grausigen mischen und in den krausen Gassen der alten Stadt sich abspielen, das liebe Dorf mit seinen Äckern, Hügeln und Gewässern, wo eine anmutig kultivierte Natur und eine alte, feierlich fromme Kultur ineinanderwirken, und aus dessen friedvoll keuschem Grunde dem Helden Kunst und Liebe erblühen – und an dieses die Weite der großen Kunststadt, wo neben den schimmernden Spielen verfeinerten Lebens die tiefsten Geistesbedürfnisse des Kulturmenschen und seine schnödeste Marter durch hilflose Armut sich entwickeln.

Was die Darstellung im einzelnen betrifft, so ist es unvergleichlich, wie bei Schilderung irgendeines Gegenstandes oder Vorganges durch die Kunst der Betonung des Wesentlichen sogleich das Leben als Ganzes schön, belehrend und mit dem Anspruch ewiger Geltung vor uns hintritt. Liest man die Erzählung, wo Heinrich im Dorf versucht die schöne Buche zu zeichnen, so prägt sich nicht nur unvergeßlich die Gestalt des edlen Baumes ein, sondern wir wissen für immer, wie die erste Begegnung zwischen dem unreifen, nach Kunst ringenden Jüngling und der göttlichen Natur beschaffen ist; wir werden über das Wesen der Natur und das der Kunst belehrt und erleben zugleich mit ganzer Seele ein Ereignis mit, das einem bestimmten Menschen in einziger Weise begegnete. Oder man denke an die Schilderung, wie Heinrich mit dem norddeutschen Schreiner den Sarg für Anna verfertigt. Da erleben wir nicht nur die Verwandlung des natürlichen Materials in einen künstlichen Gegenstand zu menschlicher Verwendung mit als ein Ereignis von kultureller Bedeutung, als wäre es das erste Mal: wir dringen wiederum tief ein in die Lieblichkeit der Natur, wir bewundern den Erfindungsgeist und das Geschick der Menschen; die Eigenart des Schreiners und die

Erzählungen aus seiner Heimat verknüpfen diesen Augenblick mit weiter Ferne, und durch das Glas mit den musizierenden Engelsknaben fällt noch ein himmlisches Licht auf den einfachen Vorgang. Wie Homer nicht veraltet, kann auch diese Kunst durch keine Geschmacksrichtung und Mode angetastet werden, da sie die Grundlinien des Lebens selbst zieht.

Gegenüber dem älteren Grünen Heinrich waren die Leute von Seldwyla ein Fortschritt; eine Reihe auserlesener, künstlich geschliffener und gefaßter Edelsteine, die die Schönheit, die Schrecken und die Wunder des Lebens im Lichte blitzen lassen. Der dionysische Dichter löst unsere Gebundenheit und läßt uns die Welt mit seinem Auge als ein in sich selbst begründetes Bild schauen. Nicht daß er uns die Wirklichkeit verschleierte oder uns durch Betäubung ihr entzöge: in einem wahrhaft heiligen Rausche läßt er uns in strahlender Klarheit unsere Flüchtigkeit und Bedingtheit gegenüber der ewigen Schönheit außer uns erkennen, in deren Anschauung wir eine geheimnisvoll ausgleichende Seligkeit genießen lernen. Die wunderlichen Helden: Pankraz der Schmoller, die Kammacher, von Neid und Tugend ausgehöhlt, der allzufeine Glücksritter John Kabys, der melancholische Schneider, ziehen vorüber als farbige Sinnbilder des eitlen schönen Lebens, unvergängliche Geschöpfe einer geistigen Welt, die sich mit der körperlichen überall durchwächst und durchwirkt. Was aber diese Novellen vor anderen auszeichnet, ist eigentlich doch das, daß es dem Dichter bis zu einem hohen Grade gelungen ist, das Verwesliche des Stoffes in der Glut seines arbeitenden Geistes zu tilgen, so daß die Form leicht, klar und dauerhaft geworden ist und das beglückende Gefühl, etwas Vollendetes anzuschauen, erregt. Das gilt vorzugsweise von dem Schmied seines Glückes, den gerechten Kammachern, dem Märchen Spiegel das Kätzchen, und kann wohl auch von Dietegen und Romeo und Julia auf dem Dorfe mit Recht gesagt werden.

Es war Kellers Bestreben, diesen Prozeß, nämlich das Ausscheiden des Unwesentlichen vom Wesentlichen, gewissermaßen des Verweslichen vom Unverweslichen, fortwährend zu verfeinern, bis er pures Gold in schlichter, aber edelster Form gebildet hatte. In diesem Sinne steht das Sinngedicht, wenn man es als ein Ganzes betrachtet, über den Seldwyler Novellen; doch wird der Verehrer Kellers vielleicht die letzteren vorziehen, weil uns seine einzigartige Persönlichkeit darin unmittelbarer berührt. Die Züricher Novellen haben als Ganzes nicht die Vollendung des Sinngedichtes erreicht, doch gehören das Fähnlein der sieben Aufrechten und der Landvogt von Greifensee zu den Meisterwerken; das Fähnlein knüpft unmittelbarer an die meisten anderen Novellen an und ist doch ohne jede phantastische Zutat, nur durch die Durchdringung des Stoffes auf die Höhe allgemeingültiger Poesie erhoben. Die Blüte Kellerscher Dichtung bilden die Sieben Legenden, goldene Früchte in silbernen Schalen, Traumgesichte von lebenstreuer

Wahrheit, in denen Frömmigkeit und Schalkheit, Sinnenzauber und Engelreinheit absichtslos vereinigt sind wie im Gemüte eines Kindes. Man kann sie einer Kapelle vergleichen, durch deren schmale glühende Fenster Licht fällt und Farben malt, wo zwischen christlichen Figuren und Symbolen heidnische Schnörkel sprießen, groteske und anmutige, ein lachender, weltlicher Übermut, der nicht anders als wie ein Wohllaut mehr in den heiligen Zusammenklang des Gotteshauses hineintönt.

Fast alle Werke Kellers – mit Ausnahme der Züricher Novellen – sind in den Zürcher und Berliner Jahren 1846-56 »ausgeheckt« worden, so daß er an den Sieben Legenden, die 1872, und an den Novellen des Sinngedichtes, die 1880 erschienen, hauptsächlich nur noch die Arbeit des Kunstverstandes zu besorgen hatte. Einzig Martin Salander ist ganz und gar ein Werk des Alters. Es ist eine durchsichtige, geschlossene, fein abgewogene Erzählung, die aber nicht wie die früheren Dichtungen aus der chaotischen Werkstätte des Lebendigen im Inneren des Dichters hervorgegangen, sondern überwiegend mit dem Bewußtsein gemacht zu sein scheint. Es sind prächtige Seldwyler Menschen darin, besonders die beiden Ehepaare Salander und Weidelich, und tragische Szenen, die das unverminderte künstlerische Vermögen des alten Meisters anzeigen, so namentlich die, wie die Weidelichs die Schande ihrer Söhne erfahren, und das Sterben der Mutter; und vieles über die Beschaffenheit eines Kunstwerks ließe sich daraus erlernen von dem, was überhaupt erlernbar ist –: das, was sich nicht gebieten läßt, den Odem des Lebens, hat der müde Dichter seinem letzten Werke nicht einblasen können.

Über sein ganzes Leben zu verteilen sind seine Gedichte, die von vielen nicht geschätzt wurden und werden, von andern aber, die mir die rechten Kenner seiner Poesie zu sein scheinen, als seine schönste Gabe und als allerschönste deutsche Gedichte überhaupt angesehen werden. Es gibt viele Gedichte, die einem, solange man jung ist, der eigenen poetischen Stimmung zu entsprechen und das eigene Gefühl klangvoll auszudrücken scheinen, wenige, die einen durchs Leben begleiten, scheinbar sich mit einem entwickelnd. So sind viele von Kellers Gedichten; sie überraschen einen immer wieder durch neue Aussichten, sie fassen nämlich ihren Gegenstand gerade im Mittelpunkte, sind so rein und wesentlich empfunden, daß der, welcher einen Augenblick darin lebt, immer, er blicke nach welcher Richtung er wolle, einen Ruhepunkt, einen Widerhall, ein Genügen für seine Seele finden muß. Zu solchen Gedichten rechne ich, ohne damit den ganzen Schatz erschöpfen zu wollen, das vom Sonnenuntergang, das Abendlied an die Natur, das allbekannte Abendlied, das Waldlied, das Herbstlied, das Gedächtnislied an Wilhelm Baumgartner, Untergehende Liebe, Poetentod, die von keiner persönlichen Vorliebe oder allgemeinen Geschmacksrichtung abhängig sind.

Man hat gegen die Gedichte eingewandt, daß sie aus der Prosa heraus, nicht unmittelbar als Melodie und Rhythmus entstanden seien, wogegen sich, wenn einmal jemand so empfindet, kaum etwas einwenden läßt, was das Gegenteil bewiese. Wer den stolzen, feierlich jauchzenden Rhythmus in dem Hymnus: »O mein Heimatland! o mein Vaterland!« nicht fühlt; nicht den hochmütigen, verführerischen, traurigen: »Alle meine Weisheit hing in meinen Haaren«; den lautlos schwebenden, durchsichtigen in dem Wintergedicht: »Nicht ein Flügelschlag ging durch die Welt«; den schmelzenden, in unendliche Tränen auflösenden in dem süßen Erinnerungsgedicht: »Ich will spiegeln mich in jenen Tagen« – dem Kellers Gedichte durch umschreibende Gründe aufzudrängen, möchte ich mich nicht unterfangen.

Die Härten der Sprache, an denen manche Anstoß nehmen, schützen vielmehr vor der leidigen Virtuosität und Eleganz, die jeder Unfähigkeit ein Ansehen gibt und worin jedes etwaige Eigenleben schwindet. Kellers Sprache überhaupt, das eigentliche Mittel seiner Kunst, hat nicht nur den unnachahmlichen Reiz der Eigenart, sondern ist auch schön und musterhaft, insofern sie sich ihre Gesetze geschaffen hat, die für jedermann gelten. Er beherrscht die unerklärliche Kunst, die unendlich oft gebrauchten und abgetragenen Worte neu erscheinen zu lassen, dadurch geeignet, eine noch unbekannte, nur sich selbst gleiche Welt aufzubauen. Nie ist ein Wort oder eine Wendung gesucht, und doch erscheinen alle, als wären sie noch nie dagewesen, frisch von Meisterhand geprägt. Es kam ihm dabei wohl zugute, daß er als Dialekt redender Schweizer an einem Urquell der deutschen Sprache saß; was den Ausschlag gibt, ist aber doch seine Intelligenz und seine Persönlichkeit. Über den Zusammenhang derselben mit seinem Stile kann man nichts Treffenderes sagen, als er selbst gelegentlich getan hat: »Es liegt mein Stil in meinem persönlichen Wesen: ich fürchte immer maniert und anspruchsvoll zu werden, wenn ich den Mund voll nehmen und passioniert werden wollte.« Er war durch und durch ehrlich, unfähig, sich nur auf einen Augenblick selbst zu belügen und sich in irgendeine Stimmung zu steigern, die seinem Empfinden nicht gemäß war, wenn auch Lage und Neigung augenblicklich dazu drängten. Ebenso wählte er in der Sprache stets nur den wahrheitsgemäßen Ausdruck für das, was er darstellen wollte, und hätte es nicht gelitten, wenn derselbe die Stärke seines Gefühls übertroffen oder seinem Gegenstand nicht haarscharf entsprochen hätte. Hier hat nun auch der Verstand seine Stelle, der das Wesen der Dinge mit dem Wesen der Worte in Einklang zu setzen, den Wert eines Gefühles und den eines Satzgefüges aneinander abzuwägen weiß. Der Wahrhaftigkeit in Kellers Geiste vor allem verdanken wir es, daß seine Sprache nirgendwo gespreizt oder kokett, immer einfach, sachlich, durchgefühlt und durchgedacht und auf diesem Grunde schön ist. Ein Tropfen Lüge und Eitelkeit im Menschen spiegelt sich notwendig in seinem Stile und kann ihn zwar glänzend, absonderlich, interessant und sonst noch manches machen, scheidet ihn aber aus dem Bereiche der Schönheit. Der »leise Hang zur Manieriertheit, wo nicht Affektation des Stiles« ärgerte ihn denn auch an C. F. Meyer. Auch Keller stilisierte die Natur, d. h. er befreite sie vom Zufälligen und Unwesentlichen und gab ihr eine Form, oder, wie man es auch nennen könnte, vergeistigte und verewigte sie, ohne welchen Prozeß von Kunst überhaupt nicht die Rede sein kann; aber sein Stil wurde niemals affektiert oder maniert, was erst entsteht, wenn die vorbildliche Natur dem Stile ganz aufgeopfert und dieser nun durch Entziehung seiner Grundlage und seines Gehaltes aufgeblasen und gespreizt oder schwächlich wird.

Stofflich knüpfte Keller gern an die Gegenwart und bekämpfte die Auffassung vieler Menschen, die das Poetische als etwas der Wirklichkeit Entgegengesetztes begreifen und, von der Wirklichkeit irgendwie verletzt, sich in eine ihnen bequeme Phantasterei träumen, welche sie Poesie nennen; was vielmehr nur auf Schwäche beruht, die vor dem grausamen Glanze der Wirklichkeit nicht bestehen kann. Einmal antwortete er Justinus Kerner, dem ihm in manchen Punkten verwandten, nur weit schwächeren Schwaben, auf ein Gedicht, in dem derselbe sich über die Gegenwart beklagt, die mit ihren Maschinen die Poesie in der Natur vernichte, mit einem Lobe unserer Zeit, deren Erfindungen die Fabeln des Mittelalters von dämonischer Geistesherrschaft wahr machten. Er endet mit den prächtigen Strophen:

Und wenn vielleicht in hundert Jahren
Ein Luftschiff hoch mit Griechenwein
Durchs Morgenrot käm hergefahren –
Wer möchte da nicht Fährmann sein?

Dann bög ich mich, ein sel'ger Zecher,
Wohl über Bord, von Kränzen schwer,
Und gösse langsam meinen Becher
Hinab in das verlaßne Meer.

Darin haben wir ein Beispiel für das Verhältnis von Phantasie und Wirklichkeit in Kellers Dichtungen. Bei seiner Achtung vor der Wirklichkeit und Abneigung gegen das Gemachte, begann er damit, Selbsterlebtes darzustellen und betonte einmal mit Nachdruck, fast als sei das Gegenteil eine Schande, daß er es immer so halten werde. Nach dem Grünen Heinrich knüpften noch Pankraz der Schmoller und Frau Regel Amrain unmittelbar an eigene Lebenserfahrung; seitdem tritt das Selbsterlebte zurück, und er schöpfte seine Stoffe aus Zeitungsberichten, aus der Geschichte oder anderen Überlieferungen. Bei Romeo und Julia auf dem Dorfe betont er in einem Briefe, daß es auf einem wirklichen Vorgang beruhe, »weil nur dadurch die Arbeit sich rechtfertige«; es ist das nicht trügende Gefühl der Alten, die den Dichter als Lügner verabscheuten, außer wenn er bescheiden im Gefolge des Lebens geht, das sein Lehrmeister sein muß, wie die Menschen- und Tiergestalt der des Bildhauers. Hauptsächlich das Gerüst der Tatsachen entnimmt Keller der Wirklichkeit und umwindet es schmückend mit üppiger Phantasie; aber es ist nach einem Ausdruck von Goethe exakte Phantasie, die im Sinne der Wirklichkeit phantasiert, so daß wir, auch wo er am ausgelassensten fabuliert, Fleisch und Blut riechen und die siegesgewissen Elemente der Wirklichkeit spüren. Die Hexe, die den Schornstein heraufsteigt, ohne die blanken Schultern schwarz zu machen, während Katze und Eule, still und klug, hinunterlauschen und warten, und der tanzende König David mit dem kleinen singenden Engel, der das Notenblatt zwischen den rosigen Zehen hält, sind nicht minder wirklich als der unselige junge Mörder, der das wehrlose Knäblein erschlägt, um es einer Mundharmonika zu berauben. Das Sichhinwegsetzen über die Gesetze der Wirklichkeit und das stille, zusammenhangsvolle Verfahren der Natur, um aus willkürlicher Einbildungskraft heraus zu erfinden, nennt Keller Arbeitsscheu, mit literarhistorischen Namen Spiritualismus und Romantik, letzteres mit Recht in bezug auf die Praxis der Romantiker, die die Höhe ihrer Theorien nie erreichten. Bei Kellers Werken ist uns zumute, als habe die Natur selbst sie gemacht, so selbstverständlich erscheint uns alles; es fällt uns so wenig ein sie zu kritisieren, wie uns das einem Baum oder einer Blume gegenüber in den Sinn käme: es könnte höchstens sein, daß man eines dem andern vorzöge oder etwa überhaupt keinen Sinn dafür hätte. So sollen wir auch nicht fragen, ob er jeden Gipfel erreicht und jeden Abgrund ausgemessen hat: den weiten Umkreis, den sein Auge erfaßte, hat er uns rein in schönem Bilde gegeben, etwas Vollkommenes, worin niemand ungetröstet und unbelehrt sich versenkt.

Ich habe wenig von den Werken des Dichters gesprochen, um wieder zu ihm selbst zurückzukehren, ihrem Schöpfer; denn an diesem bleibt doch zuletzt das durch seine Werke erregte Gefühl haften, das sich nicht beruhigt, als bis es den innersten Lebenskern seines Gegenstandes erreicht hat. Der Werke, die wir von den Dichtern kennen, werden im Laufe der Zeit immer weniger: es gibt nur noch einige Verse von Sappho, und die meisten Menschen haben nur ein paar Strophen oder Gesänge von Tasso, Dante, Walter von der Vogelweide gelesen; aber ihre Namen scheinen uns zu Häupten wie Sterne, ja ist, als ob sie an Leuchtkraft wüchsen, wenn sie die Strahlen, die von ihnen ausgingen, wieder einsaugen und als göttliche Erscheinungen, ungeteilt und unteilbar, in unerreichbarer Ferne stehen, wo wir sie staunend betrachten.

»Mehr oder weniger traurig«, schrieb Keller einmal einem Verehrer, »sind am Ende alle, die über die Brotfrage hinaus noch etwas kennen und sind, aber wer wollte am Ende ohne diese stille Grundtrauer leben, ohne die es keine rechte Freude gibt?« Den andeutenden Fragen teilnehmender Freunde, die meinten, er müsse sich, namentlich im höheren Alter, einsam und unglücklich fühlen, pflegte er stets mit irgendeiner Wendung zu entschlüpfen, teils weil ihm das »pfuscherhafte Glücklichseinwollen« und noch mehr das Reden darüber zuwider war, teils aber gewiß, weil er den Menschen nicht erklären wollte, aus welchem Quell der Seligkeit er in der Einsamkeit schöpfte. Reich und schön mußte das Leben dem weisen Zauberer sein, sowie er unbehelligt von den Leuten am Tische Gottes saß, von seinen Genien Phantasie und Witz aus goldenen und kristallenen Schalen bedient. Wie sehr er Menschen zu schätzen und zu lieben wußte, habe ich schon gesagt; wenn er sich oft unwirsch abwandte, war das weniger seine als die Schuld der menschlichen Art überhaupt, von denen so wenige sich unbefangen und klug als das zu geben wissen, was sie sind. Gegen das »unnütz Wesen« und »Sich-mausig-machen« war er nach eigenem Geständnis »starr und untraitable«, worüber man sich, als über ein Zeichen der Unbestechlichkeit seines Verstandes und Charakters, ehrfürchtig freuen sollte. An Anerkennung hat es ihm nicht gefehlt; aber auch hier muß man gestehen, daß er oft Ursache hatte, auch über die wohlmeinendste Kritik zu brummen, da Lob und Tadel meistenteils beide nicht am richtigen Ort saßen. Daß er bei der Schätzung eigener und fremder Werke in erster Linie die Form im Auge hatte, nämlich nicht das Äußere, sondern das Nicht-Stoffliche, wurde oft mißverstanden, und unter seinen Beurteilern stellten sich die wenigsten auf diesen Standpunkt. Es konnte Keller mit Recht bekümmern oder verbittern, wenn selbst diejenigen, die ihn aufs höchste bewunderten und mit Einsicht rühmten, unversehens die törichtsten Aussetzungen machten, wie z. B. Vischer die Nasenzöpfe des Ritters Maus des Zahllosen in den Sieben Legenden als ekelerregend tadelte, oder Storm ihm die köstlichsten Schnörkel und Späße ausmerzen wollte, oder Emil Kuh schlechthin erklärte, seine Gedichte nicht zu mögen, was ihm auch von Mommsen berichtet wurde. Keller antwortete auf derartige Bemerkungen immer mit anständiger Ruhe, in Kleinigkeiten meistens dem Tadler recht gebend, nur, wo es ihm darauf ankam, seinen Standpunkt nachdrücklich verteidigend. Er besaß das starke und gesunde Selbstbewußtsein, das mit Bescheidenheit verbunden ist; nämlich mit gerechter Schätzung anderer, sowohl höherstehender wie minderwertiger Intellekte, und der Klugheit, letztere nicht durch Betonen der eigenen Überlegenheit reizen zu wollen. Wenn er laut rühmende Verehrer ersuchte, den »starken Lobtabak nicht weiter zu rauchen«, begründete er die Bitte jedesmal damit, daß das uneingeschränkte Loben ihm nur Feinde und Neider machen würde. Eine allgemeine Anerkennung erfuhr Keller erst spät, wie er denn überhaupt zu den Dichtern gehört, die von allen gelobt, von wenigen gelesen und nur von einzelnen nach ihrem Werte geschätzt werden. Die würdige Ehrung, die ihm an seinem siebzigsten Geburtstage bereitet wurde, mag sich ihm schwer wie ein Grabstein auf das Herz gelegt haben; er wußte, daß der silberne Lorbeer nur einem Haupte gereicht wird, das sich nach vollendetem Lebenswerk dem Tode zuneigt.

C. F. Meyer schrieb nach Kellers Tode, daß ihm an dem verstorbenen Dichter nichts so ergreifend erschienen sei, wie sein Verhalten zu seinem Volke, über dem er wie ein guter Geist gewaltet habe, zürnend, warnend, lobend, zurechtweisend nach Bedarf. Die Verehrung, die alle, die deutsche Sprache reden, zu ihrem Meister tragen, möge sie ermutigen, sich mit unter diese treue Hut zu scharen, als ob es wie vor Zeiten nur ein großes römisches Reich deutscher Nation gäbe. Wir Deutsche dürfen wohl ein Anrecht auf ihn geltend machen, der seine Neigung und sein Zugehörigkeitsgefühl zum deutschen Volke so beharrlich zeigte, wie er es bei seiner über allen Argwohn sicheren, in Blut und Geist eingeborenen Liebe zum Vaterlande zu tun sich getrauen durfte. Nicht nur seines Lobes können wir uns freuen, sondern auch seines Tadels rühmen, der mehr als alles seine treue, väterlich verpflichtete Gesinnung beweist. Er und seine Werke haben die deutsche Art, die sich nur allzuoft mit einem falschen Blechklange anpreist, in ihrer echten Schönheit verklärt; denn deutsch, oder sagen wir germanisch, war er von Kopf zu Füßen, so daß ein Fremder ihn höchstens achten, nur ein Deutscher – von den Deutsch-Schweizern versteht es sich von selbst – ihn ganz wird verstehen und lieben können. Seine Wahrhaftigkeit, die den Ton nicht um eine Schwingung lauter werden läßt als sein Empfinden, seine Gerechtigkeit und Objektivität, die jedes Ding rein ohne Bezug auf seine Person in sich aufnehmen kann, seine kindliche Arglosigkeit, die alle göttlichen und menschlichen Mysterien anrühren kann, ohne sie zu erniedrigen oder sich zu beschmutzen, sind deutsche Idealeigenschaften, auf die wir stolz sind. Deutsch ist seine Einfachheit und Ruhe, die das Pathetische und Feierliche, ja die Geste überhaupt nicht kennt, die Mischung gründlichen Ernstes mit naiver Tollheit, die Ausländer kopfschüttelnd als etwas unbegreiflich Kindisches oder Närrisches hingehen lassen, wenn nicht verachten, schließlich der auf Freiheit des Geistes und höchste Liebe begründete Humor. Bei ihm ist die überschwengliche und doch natürlich aus brauner Erde gewachsene Phantasie zu Hause, der Hang, sich am schönfarbigen Weine zu berauschen, die verehrende und zugleich väterlich gute Stellung zu den Frauen. Deutsch vor allem ist die ernste, kräftige Auffassung des Lebens als einer Aufgabe, für die man, sei es Gott, sei es der Menschheit gegenüber verantwortlich ist, das Bedürfnis, sich mit seinem Gewissen auseinanderzusetzen, sein Leben auf den Grund einer Weltanschauung zu stellen. Wir kennen nicht die großartig geschäftsmäßige Kirchlichkeit der Engländer, noch die gewohnheitsmäßig spielende der gläubigen oder den melancholischen Atheismus der ungläubigen Südländer: wir haben oder suchen Religion oder haben sie oft, ohne es zu wissen und zu wollen, nämlich das Gefühl, einem Höheren verpflichtet zu sein und das Leben danach einzurichten.

Ich denke nicht von ferne daran, zu behaupten, daß dies alles in den Deutschen Wirklichkeit sei, nur daß es als Möglichkeit in ihrer Veranlagung liege und durch das anfeuernde Muster bedeutender Kunstwerke, in denen ein solches Ideal verkörpert ist, ausgewirkt werden könne.

Du wanderst nicht mehr durch Deinen Garten über dem See und sammelst Rosen, Meister Gottfried; aber Dein sind alle, die der Sommer bringt, denn Dein guter Geist ist lebendig und nährt sich von allem, was schön ist. Weile noch unter uns! Lange bleibe die Zeit noch fern, wo die Menschen Deinen Namen einem einsamen Sternbild geben, das bald mit lustigem Zwinkern, bald in seliger Schönheit über der streitenden Erde steht. Sei uns noch Lehrer und Hüter! Wehre uns, wenn wir vom strengen Wege der Wahrheit abschweifen, rüttle uns, wenn wir schwach und feige in uns selber versinken, weise uns mit Deinen reinen Augen den goldnen Überfluß der Welt. Lehre uns vor allen Dingen Eitelkeit, Lüge, Selbstsucht und Kleinlichkeit hassen, doch auch das Geringste lieben, sofern es unverfälschtes Leben hat, und das Göttliche kindlich und männlich verehren; schließlich, bei Haß und Liebe die ewige Ordnung der Beziehungen im Sinne tragen:

Die Liebe wird den Ruhm nicht mindern,
Wenn Kleine mit den Kleinern gehn:
Die Sonne selbst mit ihren Kindern
Muß sich um größ're Sterne drehn.

CPSIA information can be obtained
at www.ICGtesting.com
Printed in the USA
LVHW040615081222
734780LV00030B/1306

9 789356 711617